깨어나 네 삶을 펼쳐라

옮긴이 김근희
연세대학교 영어영문학과를 졸업하고 버지니아 대학교에서 교육학을 수학했다. 현재 전문 번역가로 방송 및 문학 번역 활동을 하고 있다. 옮긴 책으로 『사탕접시』, 『백합』, 『그들이 사랑한 시간』, 『달빛 포옹』, 『마지막 화살』, 『벨칸토』, 『코끼리는 기억한다』(애거서 크리스티 전집 59), 『슬픈 유혹』 등이 있다.

깨어나 네 삶을 펼쳐라
ⓒ 공존, 2013, 대한민국

2013년 2월 15일 1판 1쇄 펴냄

지은이 도러시아 브랜디
옮긴이 김근희
펴낸이 권기호
펴낸곳 공존

출판 등록 2006년 11월 27일(제313-2006-249호)
주소 (121-745)서울시 마포구 도화동 173 삼창빌딩 1403호
전화 02-702-7025, 팩스 02-702-7035
이메일 info@gongjon.co.kr
홈페이지 www.gongjon.com

ISBN 978-89-964600-6-0 13180

WAKE UP AND LIVE! by Dorothea Thompson Brande
Korean translation of the 1936 edition published by Simon and Schuster, New York.

「이 책에 대하여」 ⓒ 권민, 2013

저작권법에 의해 한국 내에서 보호를 받는 번역 저작물이므로 무단 전재와 무단 복제를 금합니다. 게재된 사진 가운데 일부는 저작권을 확인하고 있습니다. 무단 이용으로 인해 발생하는 법적 문제는 일체 책임지지 않습니다.

WAKE UP AND LIVE!

깨어나 네 삶을 펼쳐라
잠재된 꿈과 능력을 실현하는 행동심리 전략

도러시아 브랜디 지음 | 김근희 옮김

프레더릭 헨리 윌리엄 마이어스
Photo by Eveleen Myers, late 1890s

지금 이 순간 더 나은 삶을 갈망하는 모든 이에게

실업, Lithograph by Blanche Mary Grambs, 1935

라이트 형제는

불가능이라는 연막(煙幕)을

뚫고 날아올랐다.

사실로 여겨지는 것들을 정말 사실로 여기며 노력해서는
진보할 가능성이 거의 없다.
오빌 라이트

모터 없이 나는 것은 가능하지만
지식과 기술 없이 나는 것은 불가능하다.

윌버 라이트

1903년 12월 17일 10시 35분 노스캐롤라이나 주 키티호크 인근 킬데블 모래언덕에서 오빌 라이트는 최초의 비행기 플라이어 1호를 몰고 고도 3미터로 12초간 36.5미터를 나는 최초의 비행에 성공했다. Photo by Orville Wright & John Thomas Daniels, Jr.

랠프 월도 에머슨
Photo by George K. Warren, 1876

Prologue

깨달음의 빛

자신감을 잃으면 온 세상이 적이 된다.

랠프 월도 에머슨

변명을 잘하는 사람은
다른 것은 잘하는 게 거의 없다.

벤저민 프랭클린

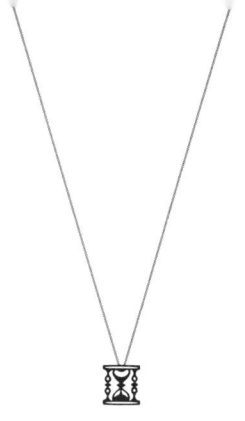

2년 전 나는 내 인생을 송두리째 바꿔 놓은 성공의 법칙을 우연히 알게 됐다. 너무나도 단순하고 명확한 법칙이어서, 이를 실행에 옮겼을 때 그토록 마법 같은 결과가 생긴다는 사실이 믿기지 않을 정도였다.

가장 먼저 고백해야 할 점은 2년 전 내가 실패자였다는 사실이다. 나는 내 능력의 10분의 1도 발휘하지 못하고 있었다. 이 사실을 아는 사람이라곤 나를 속속들이 아는 몇 명뿐이었다. 괜찮은 직업과 그다지 지루하지 않은 삶을 영위하는 중에도 내 마음속에는 늘 실패자라는 의식이 자리 잡고 있었다. 당시 내가 하고 있던 일은 원래 계획한 일의 '대체 활동'에 지나지 않았다. 성공하지 못한 핑계로 아무리 기발하고 그럴듯한 구실을 꾸며 봤자 소용없었다. 나는 내가 하고 있어야 할 다른 일, 더 나은 일, 명백한 나만의 일이 있다는 사실을 잘 알고 있었다.

물론 나는 앞이 보이지 않는 그 상황을 빠져나갈 방법을 줄곧 모색해 왔다. 하지만 막상 운 좋게 그 방법을 발견하자, 굴러 들어온 행운을 믿을 수가 없었다. 처음에는 이 법칙을 분석하거나 설명하려고 굳이 애쓰지 않았다. 그 이유는, 이 법칙의 효과가 너무나 탁월해서 뭔가에 홀린 기분이었기 때문이다. 마치 마법 같았다. 마력이나 주문을 지나치게 깊이 파헤치는 것은 온당치 않다고 생각했다.

하지만 그보다 더 현실적인 이유는, 당시 나의 태도가 아직은 다소 신중했기 때문이다. 나는 그전에도 어려운 상황을 벗어나려고 여러 번 노력해 봤지만, 이제 됐다 싶으면 다시금 같은 상황이 나를 옥죄어 온 적이 많았다. 하지만 내가 이 법칙을 계속 사용하면서도 굳이 효과를 분석하거나 설명하려 들지 않은 가장 큰 이유는, 내가 너무 바빴고 또 너무나 즐거웠기 때문이다.

나는 과거에는 절대 불가능하다고 생각했던 성공에 쉽

게 도달했고, 철옹성 같게만 느껴졌던 장벽이 녹아 없어지는 걸 보았고, 몇 년간 발목을 잡았던 무력감과 소심함이 족쇄 풀리듯 떨어져 나가는 것을 느꼈다.

　나는 오래전부터 막다른 골목에 처해 있었다. 하고 싶은 일이 무엇인지 알았고, 그것을 직업으로 삼기 위해 필요한 준비도 갖췄지만 잘 되지 않았다. 나는 일찍부터 집필을 평생의 업으로 택하고 희망에 찬 발걸음을 내딛었다. 내가 완성한 작품들은 대부분 호의적인 평가를 받았다. 그러나 한 걸음 나아가 더욱 성숙한 단계에 도달하려 했을 때 나는 마치 돌이 된 듯한 기분을 느꼈다. 다시는 이 일에 손도 댈 수 없을 것 같았다.

　나는 말할 나위 없이 불행했다. 비참하고 고통스러울 정도로 불행했을 뿐만 아니라, 나 자신의 무력함에 끊임없이 괴로움과 우울함을 느꼈다. 나는 편집 일에 파묻혔다. 창의적인 문학 분야에서는 실패할 것이 뻔했기 때문이다. 나는 끊임없이 자신을 들볶았을 뿐만 아니라, 어떻게 하면 이 구렁텅이에서 벗어날 수 있을지 전문 상담가, 심리학자, 의사 등에게 자문도 구했다. 책을 읽고 조사하고 생각하고 고민도 했으며, 마음의 위안을 얻는 데 좋다는 방법은 모조리 시도해 봤다. 하지만 일시적인 효과는 있을지언정 어떤 방법도 그 이상의 효과는 없었다. 한동안 열광적인 활동에 빠져도 봤지만 역시 한두 주를 넘기지 못했다. 그 효과의 유효 기간은 갑자기 끝나 버렸다. 나는 목표에 근접해 보지도 못했고, 좌절이 거듭될 때마다 낙심은 깊어만 갔다.

그러던 어느 순간, 머릿속에 어떤 생각이 떠오르면서 나는 자유를 찾았다. 이번에는 의식적으로 해결책을 구하던 중이 아니라, 전혀 다른 분야의 연구를 진행하고 있었다. 나는 책을 읽다가 우연히 어떤 문장 하나를 발견했다. 철학자 겸 심리학자인 프레더릭 헨리 윌리엄 마이어스(1843~1901)가 쓴 『인간의 성격』(1903)이라는 책이 얼마나 많은 깨달음의 빛을 던져 주었던가. 나는 책을 내려놓고 마이어스가 제시한 통찰력 있는 이론에 내포된 수많은 개념들을 탐구했다. 다시 책을 집어 들었을 때, 나는 완전히 다른 사람이 되어 있었다.

내 삶의 모든 관점과 태도와 관계가 변했다. 처음에는 그것을 알아차리지 못했다. 다만 내가 실패와 무력감과 낙담을 물리칠 수 있는 비법을 찾았으며, 그 비법에 확실한 효력이 있다는 사실만을 나날이 더욱 확고하게 깨달았을 뿐이다. 그것만으로 족했다. 일이 너무 바빠 자기 성찰을 할 시간도 없었다. 예전 같으면 엄청난 양이었을 일들을 한순간에 해치운 뒤 그대로 곯아떨어지는 경우도 있었다. 옛 동요에 나오는 노파처럼 "이건 내가 아냐!"라고 생각하면서(「노파와 도붓장수」라는 동요에서, 계란을 팔러 시장에 가다가 길에서 잠든 노파가 도붓장수에게 몰래 치마를 잘려 도둑맞은 뒤 깨어나 변한 자기 모습을 보며 "이건 내가 아냐!"라고 절규한다. 옮긴이).

하지만 이 '나'는 분명히 노력의 열매를 수확하고 있었다. 전부터 쓰고 싶었지만 뼈아픈 실패만 거듭했던 책들이, 이젠 빠른 속도로 샘솟듯 집필되어 나왔다. 이렇게 활발한 활동 속에서도 내 기운은 소진되지 않았고, 오히려 머릿속에 '장벽처럼 쌓인' 작품들에 가려 있던 새로운 아이디어들이 끊임없이 쏟아져 나왔다.

내가 나만의 법칙을 발견하기 전 20년 동안 써낸 글의 양을 공개하겠다. 그것도 괴롭고, 힘들고, 못마땅한 마음으로 쓴 글들이다. 혹시 몰라서 각 분야별 작품 수를 넉넉히 계산했고, 그렇게 해서 나온 수치는 다음과 같다.

- 단편소설 17편
- 서평 20편
- 신문 기고문 6편
- 쓰려고 했다가 3분의 1밖에 집필하지 못하고 중간에 그만둔 소설 1편

한 해 평균 두 편도 완성하지 못한 셈이다. 반면 깨달음을 얻은 후 2년간의 기록은 다음과 같다.

- 책 3권(처음 2권은 첫 1년 만에 쓴 것으로, 모두 저마다의 분야에서 성공을 거두었다.)
- 논설 24편
- 단편소설 4편
- 강의문 72편
- 앞으로 쓸 책 3권의 간략한 내용 정리
- 상담 내용과 전문적 조언을 적어 전국 곳곳으로 보낸 수많은 편지

내가 발견한 법칙을 적용한 결과는 이것뿐이 아니다.

집필 작업에 에너지를 쏟을 수 있음을 깨닫자, 이 법칙이 또 다른 분야에도 효과가 있지는 않을까 하는 궁금증이 생겼다. 당시 내가 어려움을 겪었던 다른 부분에도 이 법칙을 적용해 보자는 생각이 들었다. 그러자 내 생활의 모든 면에서 걸림돌이 됐던 우유부단과 소심함이 씻은 듯이 사라졌다. 언제나 마지못해 응하던 면접과 강의와 약속이 기분 좋은 경험으로 바뀌었다.

한편, 손쓸 수 없을 지경에 몰릴 때마다 참회에 가까운 심정으로 행하던 어리석은 자기 착취가 이내 끝을 맺었다. 나는 드디어 나 자신과 친해지게 됐다. 더 이상 스스로를 벌하고 훈계하고 무자비하게 몰아붙일 필요가 없어졌고, 쓸데없이 지루하고 따분한 일들을 할 필요도 없어졌다.

내게 이렇듯 놀라운 효과를 발휘한 법칙이지만, 친구들에게는 이에 관한 이야기를 거의 하지 않았다. 아마 나도 내 동료 중 99퍼센트가 가졌을 미련한 자기중심주의에 젖어, 나의 경우를 굉장히 특수한 것으로 여겼기 때문이리라. 남들은 일이 잘 풀리지 않는 경험을 하지도 않을 것이고, 나야 성공했지만 남에게까지 이 법칙이 통할 리 없을 것이라 생각했다.

그런데 사면초가에 빠져 외부 사정에 눈이 어두웠던 기존 상태에서 벗어나자, 예전의 나처럼 인생을 낭비하고 있는 사람이 또 있을 거라는 생각이 들기 시작했다. 하지만 내가 운 좋게 그 상황을 빠져나왔으니, 남들도 시간이 지나면 그럴 수 있을 거라고 생각했다. 내게 큰 도움이 된 간단한 프로그램을 공개할 생각은 하지 못했다. 사실은 대부분의 사람들이 자신에게 맞지 않는 생활을 하며, 그로 인해 고통을 겪고 있다는 생각 자체를 하지 못했기 때문이다.

그러던 중 몇몇 주요 서점들로부터 강의를 해 달라는 청탁이 들어왔는데, 잠정적으로 주어진 강의 주제가 "작가가 되는 것의 어려움"이었다. 이에 관해서는 이미 나의 첫 책 『작가 수업』(1934)에서 자세히 다뤘다. 그 책을 읽었을 가능성이 다른 집단보다 좀 더 큰 청중들에게, 이미 출판된 책의 한 장(章)을 읽어 주고 싶지는 않았다. 강의 준비를 시작하려니, '스스로의 타성과 소심함에 대항하는 것이야말로 작가의 가장 어려운 과제'라는 솔직한 이야기 외에는 더 이상 이 주제에 관해 할 말이 생각나지 않았다. 그래서 처음에는 내 이야기가 구식 기도회에서 '하느님의 은총을 증거'하는 듯한 느낌을 줄까 봐 걱정하면서, 주제를 검토하고 강의를 준비하기 시작했다.

그 강의의 결론들이 바로 이 책에 담겨 있다. 즉 우리는 '실패에의 의지'의 희생자라는 것, 늦기 전에 이것을 깨닫고 조치를 취하지 않으면 뜻을 이루지 못하고 세상을 떠나리라는 것, 그런 의지에 대처하는 효과적인 방법이 있다는 것이다. 반응은 정말 놀라웠다. 많은 편지와 전화가 답지했다. 그전까지는, 딜레마를 극복한 한 개인의 이런 이야기는 청중의 흥미를 별로 끌지 못할 것이고 나와 비슷한 곤경에 처한 사람이 두세 명이나 될까라고 생각했다.

그런데 뜻밖에도 많은 사람들이 나와 똑같은 상황에 놓여 있어서, 누군가의 도움을 받아 거기서 빠져나오기를 원하는 것 같았다. 같은 강의를 두 번 더 했지만 결과는 같았다. 갖가지 서신과 질문, 인터뷰 요청이 쇄도했다.

그중 가장 좋았던 것은 두 주 동안 받은 세 편의 사연이었다. 내 강의를 들은 세 사람이 더 자세한 설명을 기다리거나 자신에게는 통하지 않을 것이라는 단정을 짓지 않고 곧바로 이 법칙을 실행에 옮겼다. 그중 한 사람은 팔리지 않을 거라 생각하고 몇 년간 머릿속에 담아만 두었던 이야기를 써서 출판했다. 또 한 남성은 귀가 후면 변덕이 죽 끓듯 하는 누이에게 이용만 당하던 생활을 청산하고, 누이의 강요로 포기했던 저녁 일을 다시 시작하기로 했다. 그런데 놀라운 것은, 그가 혹을 떼내려 한다는 것을 완전히 깨달은 누이가 오래된 신경질적 우울증에서 벗어나 오랜만에 행복하게 지내게 됐다는 점이다. 세 번째 사례는 사연이 너무 길고 사적인 것이어서 지면에 옮길 수 없지만, 여러 면으로 세 사람 중 가장 잘 풀렸다. 따라서 적어도 세 사람은 이 법칙의 효과를 체험한 셈이다. 이들 모두가 나와 같은 경이로움을 느꼈다고 했다.

우리는 모두 만족스러운 인생을 살고 있지 못하기에, 스스로의 가능성을 발견하는 데 걸림돌이 되는 것만 제거하면 완전히 다른 삶을 살 수 있다. 망설이고 주저하고 머뭇거리는 삶에 비하면, 우리가 마땅히 누려야 할 충만하고 정상적인 삶은 확실히 대단한 것이다. 이것을 알고 나면 정치인, 철학가, 예술가, 사업가를 불문하고 자신의 능력을 발휘하며 살아가는 사람은 누구나 의식하든 못하든 동일한 마음가짐(정신 자세)를 갖고 있음을 쉽게 깨달을 수 있다. 그 마음가짐을 갖추지 못한 사람은 스스로 깨우쳐야만 한다. 안 그러면 죽을 때까지 깨우치지 못할 테니까.

전기나 자서전을 읽으면 알 수 있듯이, 때로 사람들은 종교나 철학 또는 타인에 대한 흠모를 통해 깨달음을 얻곤 한다. 자신이 연약하다고 느끼면서도 신념이 강한 사람은 종종 인내와 효율성 또는 천재성을 발휘하여 다른 사람들을 놀라게 한다. 하지만 성공적인 능력 발휘를 위한 상태를 만드는 법을 태생적으로 깨우치지 못한 사람들이나, 그런 방법을 일찍 깨닫지 못한 사람들, 혹은 자신의 비효율에 대처하는 데 필요한 힘을 종교나 철학 속에서 찾지 못한 사람들은 의식적인 노력을 통해 자기 삶을 최대한 활용하는 법을 스스로 배워 나가야 한다. 그러다 보면 자기 삶을 곤혹스럽게 했던 많은 것들이 선명하게 드러난다.

이 책은 하나의 개념이 어떻게 발전해 나갔는가에 관한 기록이 아니다. 결실 없는 노력에서 벗어나 충만하고 행복한 삶을 누리고 싶어 하는 모든 사람들을 위한 실용적인 안내서다.

차례

Prologue 깨달음의 빛 9

Chapter 1 우리는 왜 실패하는가 23

Chapter 2 실패에의 의지 37

Chapter 3 그들은 왜 인생을 낭비하는가 53

Chapter 4 실패에서 오는 보상 67

Chapter 5 에즈 이프 법칙의 힘 91

Chapter 6 성공을 위한 첫걸음 115

Chapter 7 중요한 세 가지 조언 137

Chapter 8 스스로 할 것인가, 의지할 것인가 145

Chapter 9 창조적 상상을 하라 159

Chapter 10 상상으로 통하라 175

Chapter 11 성공을 위한 정신 훈련 189

Epilogue 리듬을 타면서 용기 있게 231

옮긴이의 말 243

이 책에 대하여 249

매사추세츠 주 뉴베드
퍼드의 안개 낀 밤거리.
Photo by Jack Delano, 1941

벤저민 프랭클린

Engraving by Henry Bryan Hall, 1879

Chapter 1

우리는 왜 실패하는가

분별력이 부족하면 모든 것이 부족하다.

벤저민 프랭클린

실패하는 길은 많으나
성공하는 길은 오직 하나뿐이다.

아리스토텔레스

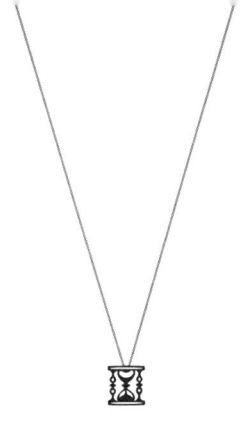

"어떤 일이 실패로 돌아가는 데 소모하는 만큼의 시간과 에너지면 그 일에 확실히 성공할 수 있다."

터무니없는 역설일까? 아니다. 다행히도 이것은 멀쩡한 글자 그대로의 진실이며 커다란 가능성이 담겨 있다.

어떤 사람이 자기 집에서 북쪽으로 수백 킬로미터 떨어진 곳에서 누군가와 만나기로 했다고 하자. 그리고 그 약속을 지키면 평생토록 건강과 많은 행복, 상당한 부를 보장받는다고 해보자. 시간도 충분하고 차에 연료도 넉넉하다. 그는 차를 몰고 나가지만, 제대로 출발하기도 전에 그냥 30킬로미터 남쪽으로 가는 것이 더 재미있으리라고 결정해 버린다.

이것은 말도 안 되는 결정이다! 그렇지 않은가? 연료가 모자라는 것도 아니고, 시간을 어떻게 써야 더 좋은지 제한이 있는 것도 아니다. 남쪽뿐만 아니라 북쪽으로도 길이 나 있는데도 이 사람은 약속을 지키지 못했다.

만약 이 사람이 틀린 방향으로 운전한 것이 그래도 대단히 즐거웠으며, 약속을 지키려고 애쓰는 것보다는 목표 없이 운전한 것이 더 재미있었다고 한다면? 또 남쪽으로 차를 몰고 가다가 옛 고향의 모습을 어렴풋이 보았다고 말한다면? 과연 우리는 그가 자신만의 고유한 철학이 있어서 기회를 놓쳤다고 칭찬해 줘야 할까?

아니다. 우리는 그가 멍청한 짓을 했다고 생각할 것이다. 심지어 그가 딴생각을 하느라 도로 표지판 한두 개를 지나쳤고 그래서 약속을 지키지 못했다고 하더라도 우리는 그에게 잘했다고 하지 않을 것이다. 만일 그가 제대로 된 지도를 보고 길을 찾지 않아서 출발도 하기 전에 길을 잃었고 그래서 늦었다고 한다면, 우리는 그를 동정할지 모르나 판단을 제대로 하지 못한 점에 대해서는 꾸짖을 것이다.

그런데 자신과의 약속을 향해, 또 임무 완수를 향해 똑

지나치게 행복을 좇다 보면 불행해지기 십상이고
지나치게 지혜로우려다 보면 어리석어지기 십상이다.
레오나르도 다 빈치

펜실베이니아 주 랭커스터 카운티의 어느 갈림길에 세워진 도로 표지판. Photo by Sheldon Dick, 1938

바로 나아가야 할 때 우리는 이 이야기의 주인공처럼 멍청한 행동을 할 때가 많다. 잘못된 방향으로 달려가는 것이다. 똑같은 힘과 시간을 들여 성공할 수 있는데도 실패하는 것이다. 실패는 에너지가 잘못된 경로로 쏟아부어졌음을 의미한다. 실패하는 데도 에너지는 든다.

우리는 이것을 여간해서는 금방 알아채지 못한다. 우리는 일반적으로 실패를 성공의 반대 개념으로만 진부하게 생각하기 때문에, 성공과 실패의 특성에 대해 잘못된 비교를 하곤 한다. 성공하는 사람은 기운 넘치고 활동적이고 방심하지 않으며, 실패하는 사람의 전형적인 마음가짐은 무기력하고 굼뜨고 게으르다고 우리는 믿고 있다.

이것이 사실이긴 하지만 그렇다고 실패하는 데 에너지가 들지 않는 것은 아니다. 원기 왕성한 사람이 움직이지 않으려면 얼마만큼의 에너지를 소모해야 하는지 심리학자에게 물어보라.

가만히 있기 위해 생명력과 운동성에 저항하려면 힘들여 싸워야 한다. 하지만 이 싸움이 우리 생활의 표면 위로 드러나지 않기에 우리는 그것을 좀처럼 의식하지 못한다. 물리적 활동이 없다고 해서 생명력이 소진되지 않는 것은 아니다. 게으름뱅이가 백일몽을 꾸는 동안에도 연료는 계속 사용된다.

쓸데없는 노력에 소중한 시간을 바친 결과가 실패라면, 에너지를 올바른 경로에 쏟지 않았다는 것이 명약관화하다. 그런데 쓸데없이 시간만 낭비하는데도 그렇게 보이지 않는 경우도 있다. 아니, 오히려 정성껏 충실히 일하는 것처럼 보여서 보는 이들로부터 찬사나 인정을 받고 우리 마음속에 만족감을 불러일으키기도 한다. 좀 더 자세히 살펴보고, 그 노력이 아무런 성과를 거두지 못했음을 발견한 뒤에야 우리는 피로와 불만족을 느끼고, 이번에도 실패를 좇는 데 에너지를 쏟아부었음을 알게 된다.

도대체 왜 이래야만 할까? 어떤 경우든 성공할 때와 똑같은 에너지를 쓰는데, 우리는 어째서 희망하고 계획했던 인생을 누리기가 이렇게도 어려운 걸까? 어째서 이렇게 적은 성취밖에 이루지 못하고, 무분별하게 스스로를 훼방 놓는 걸까? 어째서 너무 늦게 출발하거나, 부주의해서 연료가 떨어지거나, 딴생각을 하느라 도로 표지판을 놓치고도 자신이나 타인에게 실패한 데 대한 말도 안 되는 변명을 하면서 제대로 된 철학을 가졌다고 생각하는 걸까?

"숲 속에 있는 새 두 마리보다 지금 내 손에 있는 한 마리가 낫다"(남의 돈 천 냥이 내 돈 한 푼만 못하다. 옮긴이)든가, "목표를 향해 희망차게 나아가는 것이 목표를 이루는 것보다 더 행복하다"(『보물섬』의 작가 로버트 루이스 스티븐슨이 한 말. 옮긴이)든가, "반쪽의 빵이라도 없는 것보다는 낫다"는 등의 생각을 해봤자 진정한 위안을 얻지는 못한다. 이런 경구들은 경험을 냉소적으로 승화시킨 것일 뿐, 거기에 맞추어 살 만한 계제가 못된다.

우리가 속임수를 쓰는 것은 아니지만, 남들이 우리와 한 배를 타지 않은 이상 우리의 타협과 변명은 그들에게 받아들여지지 않는다. 성공한 사람들은 그런 허풍을 우습게 여기고 믿지도 않으며, 세상에는 위선도 많다고 속으로 결론 내릴 것이다. 그들은 제대로 된 방향으로 움직인 보람이 실패의 모든 부산물보다 훨씬 나으며, 현실 속의 티끌 같은 성과가 꿈속의 태산보다 가치 있다는 것을 누구보다 명확하게 알고 있기 때문이다.

'실패에서 오는 보상' 같은 자기 위안을 늘어놓더라도 우리 속은 그다지 편하지 않다. 좋은 경구를 따라 행한 것 같지만, 사실 우리는 성공과 자족적인 삶 가운데 하나를 택해야 한다고 믿지 않는다. 성공한 사람들도 실패한 사람들과 똑같은 저녁노을을 보고, 똑같은 공기를 마시고, 사랑하고 사랑 받는 존재지만, 그들은 다른 사람들보다 뭔가를 더 갖추고 있다. 그것은 바로 죽음과 퇴보에 순응하지 않고 생명과 성장을 향해 나아갈 것을 택했다는 확신이다. 뭐라고 말하든 우리는 랠프 월도 에머슨(1803~82)의 말이 옳다는 것을 알고 있다.

"성공은 구조적이다. 그것은 탁월한 심신 상태와 능력 그리고 용기에 달려 있다."

그렇다면 우리는 왜 실패할까? 특히, 왜 애써 노력하는데도 실패할까?

그 이유는 우리가 '삶에의 의지'와 '힘에의 의지'(권력에의 의지) 외에 또다른 의지에 따라 움직이는 존재이기 때문이다. 그것은 바로 '실패에의 의지' 또는 '죽음에의 의지'다.

이것은 우리 대부분에게 새로운 개념이다. '삶에의 의지'와 '힘에의 의지'는 흔하디흔하게 듣는다. 심리학과 철학에서 중요한 개념이기 때문이다. 하지만 '실패에의 의지'는 잘 알려지지 않아서 좀처럼 들어보기 어렵다. 이것은 다양한 형태의 '바다의 노인'(『천일야화』 가운데 신바드 이야기에 등장

바다의 노인과 신바드. Illustration by Frank Leslie, 1862

하는 노인으로, 행인의 어깨 위에 올라타 지쳐서 죽게 만드는 악한. 옮긴이)으로 나타난다. 또한 우리의 실패 양상은 각자의 심리 유형만큼이나 다양하다. (이 책에서 말하는 "실패에의 의지"는 프로이트가 1920년에 펴낸 『쾌락 원리를 넘어서』에서 제시한 "자기파괴적 충동" 또는 "죽음의 본능", 즉 "타나토스"와 일맥상통한다. 이것은 생물이 무생물로 환원하려는 본능이다. 그래서 인간 스스로 사멸하고, 살아 있는 동안 자신을 파괴하며, 타인이나 환경을 파괴하려고 서로 싸우고 공격하는 행동을 하게 된다. 옮긴이)

'실패에의 의지'가 존재한다는 사실을 아는 것은 실패에서 성공으로 전환하기 위한 첫걸음에 해당한다.

지금 실패에 기울이는 에너지를 거둬들이면 유익한 목적에 사용할 수 있다. 세상에는 우리가 깨닫기만 하면 확실한 결론을 얻을 수 있는 사실들, 즉 분명하고 보편적이고 심리적인 진리들이 있다. 그 결론으로부터 우리는 행동에 적용할 법칙을 만들 수 있다. 우리를 올바른 방향으로 돌려세울 간단하고 실용적인 과정이 존재한다. 그것은 앞에서 말했듯 성공한 사람이라면 의식하든 못하든 누구나 적용해 온 법칙이다.

과정은 간단하다. 그것을 실행하기 위한 첫 단계가 너

무도 쉽기 때문에, 자신의 고난을 과장하기를 좋아하는 사람들은 이렇게 단순한 것이 도움을 줄 수 있다는 사실을 믿으려 하지 않을지도 모른다. 그런데 시간도 별로 걸리지 않고 놀라운 결과를 낳는 경우도 많으니, 간단해 보이지만 시도해 볼 가치는 있다. 더 풍요로운 삶, 더 나은 일, 성공과 그에 따르는 보상, 이런 목표를 위해서라면 한 번쯤 도전해 볼 가치가 있다.

필요한 도구는 상상력과 의지뿐이다. 과거의 습관적 패턴을 잠시 중단하고 하나의 일을 마칠 때까지 새로운 방식으로 행동하려는 의지 말이다. 물론 그 기간이 얼마나 걸리는가는 해야 할 일에 따라 달라지며, 또 그 일이 자신에게만 달려 있는지 아니면 경영자나 관리자가 알 정도로 큰 규모인지에 따라 달라진다. 혼자만의 일이 아닐 경우 다른 사람의 '기질'이라는 요인 역시 고려해야 한다.

어떤 경우든 도전의 결과는 바로 나타난다. 대개 그 결과들은 너무나 놀라워서 일일이 헤아리기가 어려울 정도다. 물론 결과에 이르기도 전에 그것을 바라는 것은 기적을 바라는 것과 같다. 또 이 프로그램을 미심쩍어 하는 마음이 들면 그 효과가 떨어질 수도 있다.

다시 말하건대, 탁월한 성과를 낳는 방법이지만 그 과정은 단순해서 전혀 복잡하지 않다. 수백 명의 사람에게 효과가 있었던 만큼 시도해 볼 가치가 있다. 성공보다 실패에 몰입하는 사람이 아니라면 누구나 효과를 볼 수 있다.

프리드리히 니체

1873

Chapter 2

실패에의 의지

～

선이란 무엇인가?
인간이 지닌 힘의 느낌을 강화하는 모든 것,
곧 힘에의 의지이자 힘 자체이다.
악이란 무엇인가?
나약함에서 비롯되는 모든 것이다.

프리드리히 니체

모든 생명의 목표는 죽음이다.

지그문트 프로이트

아르투어 쇼펜하우어(1778~1860)와 지그문트 프로이트(1856~1939)의 제자들, 그리고 프리드리히 니체(1844~1900)와 알프레트 아들러(1870~1937)의 제자들 덕분에 우리는 '삶에의 의지'와 '힘에의 의지' 같은 말을 잘 알고 있다.

성취와 성장을 향해 달려가는 인간의 움직임을 나타내는 이런 말들은 때로 허풍에 가깝게 느껴지기도 하지만, 우리가 경험으로 익히 아는 진실과 일치한다. 우리는 어린이들이 자신과 자기 성격을 드러내려고 애쓰는 것을 볼 수 있다. 젊은 시절 우리는 차오르는 힘을 써 볼 기회를 얻으려고 치열하게 싸운다. 긴 병을 앓은 후에는 혈관에 힘이 밀물처럼 다시 밀려드는 것을 느끼기도 한다.

우리는 (초인(超人)이 아닌) 모든 범인(凡人)은 불행한 상황에 놓일 경우 빈곤과 절망, 굴욕을 그냥 견디는 수밖에 없다는 사실을 알고 있다. 지켜보는 사람들이 이런 여건은 죽느니보다 못하다고 생각할 법도 하다. 우리는 이런 상황에 놓인 사람이 그래도 호흡하고 존재할 권리에 매달리는 이유는 삶을 계속하고자 하는 의지가 있기 때문이라는 사실을 잘 알고 있다.

게다가 우리는 '경험'을 통해 우리 안에서 일어나는 성장의 과정을 깨닫게 된다. 사람은 아동기에서 사춘기로, 사춘기에서 성인기로 나아간다. 각각의 중대한 기로에서 우리는 기존 시기의 활동과 관심사가 새로운 것들로 대체된다는 것을 알게 된다. 아울러 세상에서 담당할 새로운 역할을 준비하면서 장차 얻게 될 기쁨과 보상을 기대하고, 과거에 자신에게 요구되던 것들을 버리고 새로운 요구에 맞춰 갈 수 있게 의지를 발휘하기도 한다.

그러나 이와 어깨를 나란히 하는 또다른 의지인 '죽음에의 의지', 즉 '실패에의 의지'라는 개념은 얼른 받아들여지지 않는다. 예컨대 어떠한 개인도 자신의 존재가 끝날 때

워싱턴 D.C. 조지타운의
오크힐 공동묘지. 1919년

> 인간은 죽을 생각을 하는 유일한 동물이다.
> 그래서 최후로 여겨질 만한 온갖 징후를 드러내는 유일한 동물이기도 하다.
> ─ 윌리엄 어니스트 호킹

가 온다는 개념을 도저히 받아들일 수 없다는 것이 한동안 정신분석학자들의 신조 중 하나였다. 병이 깊은 환자가 죽음을 꿈꾸거나 자살하겠다고 으름장을 놓는 것도 오로지 '복수'라는 개념에 근거한다는 것이다. 다시 말해 환자는 자기가 죽을 경우 보이지는 않지만 계속 살아 있는 상태로, 자신에게 잘해 주지 않았던 자들이 자신의 죽음으로 죄책감과 후회를 느끼는 것을 볼 수 있다고 생각한다는 것이다.

하지만 사실 프로이트는 전쟁 후 정신적으로 큰 충격을 받은 환자들을 분석하여 발표한 논문(『쾌락 원리를 넘어서』. 옮긴이)에서, 진심으로 죽기를 소망한다는 것을 의미하는 꿈을 꾼 환자들이 종종 있었다고 했다. 이 논문은 프로이트의 빼어난 숙고와 제안들로 가득하다. 그러나 대중적인 심리학 책들에는 우리 인생에 죽음을 향한 흐름이 있다는 것이 논리적으로 가능한가 하는 개념 자체가 제시된 적이 없었던 것 같다.

그렇지만 출생 및 성장과 마찬가지로, 죽음 또한 우리가 '경험'하게 되는 '사실'이다. 우리의 기존 욕구가 사라지고 새로운 시각이 열리면서 파국의 단계에 들어서게 되면, 우리는 생명체로서 소중히 여기는 것들을 언젠가 놓아 버릴 때가 온다는 것을 그리 어렵지 않게 서서히 받아들일 수 있다. 이렇게 삶의 집착에서 조금씩 멀어져 온 인간에게는 몸부림에서 물러나고, 노력을 포기하고, 욕망과 야망을 놓아 버리는 것 역시 정상적인 움직임이다.

바로 그렇기 때문에 우리는 '실패에의 의지'를 '사실'로 볼 수밖에 없다.

만일 무기력, 소심, 대체 활동, 형식적인 노력, 무위(無爲), 체념 등이 삶의 끝자락이나, 우리가 병고나 피곤으로 기진했을 때에만 나타난다면? 우리의 생명력이 충만해야 할 때에는 결코 우리의 발목을 잡는 일이 없다면? 진정 그러하다면 '실패에의 의지'가 우리가 지닌 우수하고 효과적인 모든 것의 적이라도 되는 양(실제로는 이렇게 여기지만) 공격할 이유도 없을 것이다. 그러나 젊은 시절이나 완전한 성숙 단계에서 이 의지가 나타난다면, 그것은 우리의 인생에 어떤 이상이 있다는 것, 즉 뭔가 대단히 잘못되어 있음을 알리는 징후다. 때 아닌 졸음이 좋지 못한 건강 상태의 징후인 것과 마찬가지다.

이것이 마음씨 나쁜 악당처럼 쉽게 눈에 띄고 정해진 시간에 맞춰 나타난다면 맞서 싸우기도 쉬울 것이다. 그러나 대개 우리는 그 세력권 속에 들어가고 난 뒤에야 간혹, 뭔가 이상이 있다는 것을 어렴풋이 눈치 채곤 한다. 막연한 불안과 소심함을 부정적으로 여기는 데 익숙해져 있어서, '실패'라는 증상과 맞서 싸워야 할 때는 마치 풍차와 싸우는 돈키호테가 된 듯 느끼게 된다.

젊은 시절에는 우리에게 나타나는 그런 증상을 잘 알아차리지 못한다. 시작을 못하고 망설이는 것은 초심자들이 느끼게 마련인 소심함 때문이라고 해명한다. 그러나 그런 소심함이 계속되는 사이에 세월은 흐르고, 어느 순간 우리는 한때 매력적으로 보였던 젊은 시절의 자신 없는 모습이 이젠 병적이고 혐오스러운 것으로 변했음을 깨닫고 좌절한다. 또는 진실로 열의 있게 일해 본 적이 없었던 데 대한 변명으로 가정형편을 탓하기도 한다. 외롭고 대책 없는 이런저런 친지들을 그냥 내버려둘 수 없었다고도 한다. 그러다 자녀들이 성장하고 흩어지면, 우리는 홀로 남게 된다. 진짜 해야 할 일은 제쳐두고 매달렸던 다른 일은 아무 미련도 없이 우리 손에서 벗어나 버리고, 오래전에 팽개쳐 둔 계획들을 다시 시작할 것을 생각하면 두렵고 멀미가 난다.

혹은 기대만큼 잘하지 못한 데 대해 온갖 이유를 끌어

다 대기도 한다. 대부분의 사람들은 일을 할 것이냐 굶을 것이냐를 선택해야 하는 상황에 놓이고, 돈벌이가 급할 때 찾게 되는 일자리는 우리에게 썩 잘 맞는 일이 못 된다. 결혼을 하고 아이를 키우게 되면 그 상황이 더욱 절박해진다. 결국 나 말고는 할 사람이 없으니 몇 년만 참아 보자고 결심한다. 다른 사람에게 하려면 우리가 감당할 수 있는 이상으로 이기적이고 용감해야 하는 이런 부탁을 우리는 자신에게 한다.

특히나 미국에서는 사랑을 보고 결혼하는 것이 관례처럼 되어 있기 때문에, 대부분의 젊은이들은 자신의 건강과 젊음, 지적 능력 정도만을 밑천 삼아 결혼 생활을 시작한다. 신부 쪽 집안에 지참금이나 상속 지분을 요구하는 유럽인들의 사고는 왠지 치사하고 돈만 밝히는 것 같다고들 생각한다. 하지만 새 살림을 시작하는 데 필요한 자금을 따로 떼어 달라고 하는 것은 권장할 만하다. 미국인들이 그런 관습을 갖지 않은 것은, '기회의 땅'이라고 으스대는 미국에서 그토록 많은 중년 남녀가 아무 즐거움도 없는 힘든 일에 자신을 낭비하는 이유 중 하나다. 이들이 기대하는 장래라고 해 봐야 잘되면 그런 단조로움이 계속되는 것이고, 못되면

스팀 펌프를 정비하는 발전소 정비공. Photo by Lewis Wickes Hine, 1920

빈곤한 실업자가 되는 것이다.

이렇게 아쉬운 대로 마지못해 첫 직장을 잡아야 한다는 것만으로도 우리 중에 인생 계획의 결실을 보는 사람이 그렇게 적은 이유를 설명할 수 있겠다. 성에 차지 않는 일로 생계를 유지하긴 하나, 진정한 목표만은 잃지 않겠다는 굳은 의지도 처음에는 갖곤 한다. 결코 야망에서 눈을 떼지 않을 것이며, 무슨 짓을 해서든지(저녁이나 주말, 휴가 때를 이용해서라도) 목표를 향해 정진하겠다는 계획도 세운다. 하지만 하루 종일 계속되는 노동은 피곤하고 힘들다. 온 세상이 놀고 있을 때 혼자 일을 하기 위해서는 초인적인 인내가 필요하다. 더구나 그렇게 해서 성공을 할 수 있을지조차 확실하지 않다면 더욱 그렇다. 그래서 우리는 자신도 모르는 사이에 '실패에의 의지'라는 물결 속으로 휩쓸려가 버린다. 우리는 계속해서 움직이지만, 그 움직임이 강 하류를 향하고 있음을 알지 못한다.

사람들은 대개 남 앞에서 실패를 숨긴다. 하지만 우리가 가장 성공적으로 실패를 숨기는 대상은 바로 우리 자신이다. 우리가 능력에 한참 못 미치는 일을 하고 있다는 사실, 언제까지 이루겠다고 여유 있게 생각한 것 가운데 된 것이 거의 없다는 사실, 우리가 희망했던 바를 모두 이루는 일은 결코 없을 것이라는 사실을 모른 척하기란 어렵지 않다. 이렇게 자신을 속이기 쉬운 이유 중 하나는 우리가 친구나 지인들과 암묵적인 신사협약을 맺은 것이나 다름없기 때문이다. 우리는 말없이 이렇게 간청한다.

"내가 실패했다는 이야기일랑 나한테 하지 마세요. 그러면 당신이 내 기대만큼 잘하고 있지 못하다는 것도 입 밖에 내지 않을게요."

이런 교묘한 침묵은 젊은 시절이나 중년기의 초반에는 좀처럼 깨지지 않는다. 그때까지는 언제든 본래의 컨디션을 되찾을 수 있다고 생각하기 때문이다. 여기서 조금 더 지나면 침묵이 느슨해진다. 우리가 '지나치게 큰 장밋빛 희망을 품고(특히 자신의 성취에 대해) 세상에 나갔었다'고 회한 서린 미소를 지으며 이야기해도 좋은 때가 오는 것이다. 오십대 혹은 그보다 좀 더 이른 시기가 되면, 어느 정도 무장을 해제하고 농담하듯 툴툴대기도 한다. 결국 동년배들 가운데 "지금도 시작할 수 있잖아?"라고 말할 수 있는 사람은 없으니까. 그러나 세계에서 아주 위대한 업적이나 전무후무한 걸작들 중에는, 우리가 피상적으로 전성기라고 여기는 시기를 지난 후에 이루어진 것들이 많다.

이렇게 해서 우리는 세상에 공헌해 보지도 못하고, 할 일을 제대로 찾지도 못하고, 선천적인 혹은 후천적인 능력의 작은 조각조차 써먹어 보지도 못한 채 세상을 빠져나가게 된다. 만약 몸이 편안하고, 어느 정도 존중과 존경을 받고, (셰익스피어가 『자에는 자로』 2막 2장에서 말한) "약간의 알량한 권력"과 사랑을 맛보게 되면, 우리는 건질 건 다 건졌다고 생각하면서 '실패에의 의지'에 순순히 묵종한다. 완전히 속아 넘어갔다는 생각은 하지도 못한 채, 삶의 보상이 아닌 죽음의 대가에 안주하는 자신의 기민함을 자랑스럽게 여기기도 한다.

만일 우리 자신과 타인들 간에 벌이는 이 정교한 게임이 절대 끝나지 않는다면, 즉 우리가 잠시 멈추어 서서 이 모든 것이 결국 게임일 뿐임을 깨닫지 못한다면, '실패에의 의지'는 우리를 서서히 끌고 내려와 자기 발치에 잠재울 것이고, 아무도 거기에 저항할 꿈을 꾸지 못할 것이다.

그런데 이 게임은 가끔씩 가장 재미있는 대목에서 중단되기도 한다. 그러면 우리는 문득 내가 왜 이렇게 달리고 있는지, 어째서 목숨이 달린 것처럼 술래잡기를 하고 있는지

"꽃들의 정원"에서 계속 같은 길만 맴돌다가 꽃들과 대화하는 앨리스. Illustration by Peter Newell, 1902

의아해하며, 우리가 아무것도 하지 않거나 입에 풀칠하기에 바빴던 동안 우리가 계획했던 진짜 인생은 어떻게 됐는지 궁금해한다.

때로 그런 순간은 스쳐 지나가 버려서 아주 오랫동안 잊히거나, 아예 기억에서 사라지기도 한다. 하지만 어떤 사람들은 그것을 결코 잊지 않는다. 게임이 계속 진행되면 그것은 악몽으로 변하고, 우리는 어떻게 여기에서 깨어나 현실로 돌아갈 것인지에 사로잡힌다. 때로 이 악몽은 더욱 깊어지는 것처럼 느껴진다. 우리를 자유로 이끌어 줄 것 같은 수를 차례로 써 보지만, 그럴 때마다 아무리 달려도 제자리로 다시 돌아오는 앨리스의 거울 나라 정원 한가운데에 서 있는 자신을 발견할 뿐이다.

그러나 우리는 벗어날 수 있다. 그러기 위해서는 역시 거울 나라의 앨리스처럼 처음에는 뒷걸음질치는 것처럼 보여야 한다. 우선 진짜 '실패에의 의지'라는 것이 있음을 인정하고, 그 다음에는 우리가 그것의 희생자임을 받아들여야 한다.

로버트 루이스 스티븐슨

Photo by Notman of Boston, 1890s

Chapter 3

그들은 왜 인생을 낭비하는가

우리는 나약함에서 도망칠 수 없다.
때때로 그것과 싸워 이기든가
아니면 자멸해야 한다.
로버트 루이스 스티븐슨

몸처럼 마음도 지나치게 안락하면
종종 뾰루지가 나고 병이 생긴다.
찰스 디킨스

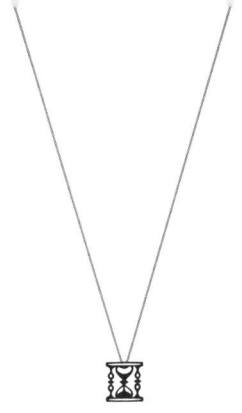

 '실패에의 의지'가 홍역이나 독감처럼 분명하고 획일적인 증상을 통해 그 존재가 알려졌다면, 그것은 이미 오래전에 박멸됐든지, 거기에 맞서 싸우는 기술이 개발되어 나왔을 것이다.

 그런데 불행히도 이 의지의 증상은 다양하고 무수하다. 만약 당신이 사교와 파티와 춤의 도락에 빠진 중년의 도시 바람둥이를 잡아다가, 면도도 하지 않은 꾀죄죄한 몰골로 햇볕을 쬐며 백일몽을 꾸는 철학자에게 데리고 가서 인사시키며 이렇게 말한다고 하자.

 "두 분은 공통점이 많으니 서로 알고 지내면 좋겠네요."

남들은 당신을 미쳤다고 생각하겠지만 당신의 말은 옳을 수도 있다. 꿈에 젖어 빈둥거리는 내성적인 사람과 음험한 사교춤을 즐기는 외향적인 사람은 세속적인 조건으로 보면 정반대의 인물들이지만, 사실은 모두 같은 충동에 의해 움직인다. 두 사람 모두 무의식적으로 인생에 실패하려 애쓰고 있는 것이다.

이들의 삶에는 하나의 공통분모가 있다. 로마의 황제 마르쿠스 아우렐리우스는 "천년만년 살 것처럼 행동하지 마라. 죽음은 지금도 다가오고 있다"라는 금언을 남겼다. '실패에의 의지'에 사로잡힌 사람들은 누구나 천년만년 살 것처럼 행동한다. 꿈을 꾸든 춤을 추든, 이들은 마르지 않는 샘물을 퍼내듯 귀중한 시간을 써 버린다.

하지만 실패하는 방식은 성격의 유형만큼이나 다양하고 여러 갈래이기 때문에 우리는 타인이나 자신에게 실패하려는 의지가 존재한다는 것을 인식하지 못하는 경우가 많다. "천년만년 살 것처럼 행동하는" 수많은 방식 중 몇 가지를 소개한다.

예컨대 온전한 신체 건강을 유지하기 위해 필요한 수면 시간보다 하루 두 시간 내지 여섯 시간을 더 자는 사람이

인간은 뭉그적거릴 수 있어도
시간은 뭉그적거리는 법이 없다.

벤저민 프랭클린

미시건 주 디트로이트 시 디트로이트 야트 클럽 파티에서 춤추고 있는 사람들. Photo by Arthur S. Siegel, 1940

있다고 하자. 단순히 수면 시간이 정상적인 수치를 크게 웃돌지 않는다면, 그가 단순히 잠을 많이 자는 사람인지 아닌지 분간하기 어렵다. 하지만 '강박'이라는 특성이 개입되면, 이 사람은 '실패에의 의지'의 희생자임이 분명하다. 전날 몇 시간이나 잤는지 매일 아침 초조하게 계산하고, 수면을 방해하는 환경과 잠 못 이룬 시간 등에 분통을 터뜨리는 사람들은 정상적인 원기 회복에 필요한 양보다 더 많은 시간을 자려고 기를 쓴다.

눈에 잘 띄지 않는 실패자 중에는 '내성적인' 부류도 있다. 이들은 깨어 있지만 잠든 사람들이다. 즉 어떤 활동을 보면서도 좀처럼 참여하지 않거나, 아주 작고 건설적이지 못한 역할만이 주어지는 무의미한 일을 추구하는 사람들이다. 혼자 하는 카드놀이에 빠진 사람, 십자말풀이에 끝없이 매달리는 사람, 직소 퍼즐에 목을 매는 사람들이 이에 해당한다. '오락'과 '집착'의 차이를 알고 나면 이 두 가지를 구분하기란 어렵지 않다.

실패와 친한 사람들 중 가장 식별이 쉬운 유형은 술고래다. 이들에 대해서 글을 쓴다면 책 한 권은 족히 나올텐데, 그런 책은 이미 너무 많다. 산송장이나 다름없는 지경

걱정 치료제로는 위스키보다 일이 낫다.

토머스 에디슨

주택가 풀밭에서 청년 3명이 대낮에 술을 병째 들이켜고 있다. 네브래스카 주 처칠 카운티 폴런. 1930년대

이 되도록 계속해서 술을 마신다면 누가 보아도 이 사람에겐 '실패에의 의지'가 있음이 명확하다. 그들 가운데는 이런 증상들을 교묘하게 위장해서 알아채기 어려운 사람도 많다. 그런가 하면 다음날 아침이 엉망이 되고, 술기운이 완전히 사라지기 전까지는 모든 문제를 분명하게 처리하지 못하게 될 걸 알면서도 술을 마시는 사람도 많다. 또 술을 마시면 정도가 심하든 약하든 신체적 불편을 느끼는 사람도 많다. 이런 결과들을 뻔히 알면서도 계속 술을 마시는 사람은 적어도 그 정도까지는 자신을 불리하게 만들고 싶은 욕망을 가진 것이다. 술이 아니라 다른 어떤 종류의 음료수라도 마찬가지다. 커피가 맞지 않거나 우유를 소화시키지 못하는데도 계속해서 그것을 마신다면, 술고래와 똑같은 비난을 받지는 않는다 해도 그와 같은 부류에 속해 있는 셈이다. 현명하지 못한 식습관 역시 똑같은 맥락에서 이해할 수 있다.

활동적인 유형의 사람들을 말하자면, 실패를 추구하는 '외향적인' 사람들의 행동 양상은 너무나 다양하기 때문에 분류해서 나타내려는 시도 자체가 무의미할지 모른다. 하지만 예를 들자면, 별 필요도 없이 영화와 연극을 하루도 빼놓지 않고 강박적으로 보러 가는 사람, 밤마다 음주가무를 찾아 헤메는 사람 등 여러 양상이 있다. 물론 어떤 활동에 전력을 기울인 뒤 꼭 필요할 때 즐기는 휴식과 오락이 나쁜 것은 아니다. 하지만 이런 분류에 성급히 반대하고 화를 내면서 사람은 오락을 즐겨야 한다고 고집하는 이들은 스트레스 배출에 비정상적으로 높은 가치를 두고 있음을 드러내는 셈이다.

목적 없이 수다 떠는 유형을 볼 것 같으면, 우리는 다른 사람들을 쉽게 그 그룹에 넣으면서도 정작 자신이 거기에 해당한다는 생각은 하지 못한다. 가끔 가다 우리는 친구에게 전에 했던 이야기를 또 하고 있음을 깨닫고 놀라서 며칠 동안 조심할 때가 있다. 이것은 사소한 실수다. 발전 없는 주제, 기계적으로 반복되는 똑같은 의견, 자꾸만 되풀이되는 상황에 관한 목적 없는 발언, 한 가지 요점을 입증하기 위한 동일한 설명, 그리고 한때는 견해였지만 이젠 편견에 지나지 않는 것을 뒷받침하기 위한 미적지근한 주장 등도 그에 해당한다.

우리의 언어적인 매너리즘은 때로 너무나 강해서 듣는 사람이 짜증을 내며 못마땅해하기도 한다. (그런 매너리즘을 극복하기 위한 방법은 나중에 살펴보도록 하고, 여기서는 우리가 '실패에의 의지' 때문에 무의식적으로 자신을 배신하는 경우만 생각해 본다.)
본인이 "그러니까", "내 말은", "하긴", "내 생각에는", "저기", "사실은" 같은 어구를 항상 읊조리고 있음을 알아차리고 놀랐다면, 자신의 목소리에 한참 귀를 기울여 보라. 그러면 자신의 발언에 쓸데없는 어구가 몇 번이고 되풀이될 뿐만 아니라 참신하거나 가치 있는 어떠한 이야깃거리도 없다는 사실을 발견하게 될 것이다. 하지만 같은 경우라도 그것이 훨씬 미묘하고 잠재적일 때는, 같은 이야기를 되풀이해도 듣는 이가 계속 바뀌기 때문에 아주 오랫동안 드러나지 않을 수도 있다.

'실패에의 의지'에 아주 모호하고 분명치 않게 희생되는 양태는 이 외에도 많다. 내성적인 사람과 외향적인 사람이 모두 똑같이 희생되기 쉽다. 예컨대 아주 적은 능력과 훈련만으로도 가능한 일을 일부러 떠맡고는, 혹독하게 자신을 몰아붙이며 쓸데없는 사소한 부분에 기력을 소진하는 무수한 사람들을 생각해 보라. 평생 교육원 과정을 수강하면서, 영원히 같은 자리를 맴도는 유령선처럼 해마다 대학 캠퍼스에 나타나는 사람들도 있다.

어떤 사람들은 자기 능력을 넘어서는 과제를 떠맡거나

허울만 좋은 '연구' 문제에 몰두한다. 예를 들어 뉴욕의 어떤 남자는 잘 알려지지 않은 이탈리아 정치가의 일생에 관한 세세한 자료들을 대학교 2학년 때부터 수집해 왔다. 전기 작가의 탈을 쓴 이 남자는 지금 사십대 후반이지만 그 이탈리아 정치가의 최종적인 일대기는 아직 한 단어도 집필한 바 없다.

무의식중에 실패를 목적으로 살아가는 사람들은 대개 응석받이다. 만약 당신이 필요 이상으로 아양을 떨고 있다면 이렇게 말해도 틀림이 없다.

"아, 나는 실패자구나!"

진정으로 따뜻한 마음과 다정함, 정말 친절한 성격을 비난할 의도는 전혀 없다. 지금 우리가 말하려는 것은 세상의 '해럴드 스킴폴'(찰스 디킨스의 소설 『황폐한 집』에 나오는 유치하고 극도로 무도덕(無道德)한 인물. 옮긴이), 즉 감언이설을 일삼으며 아양을 떠는 이들로, 주변인들에게 마냥 즐거운 아이로만 받아들여지기를 바란다. 이들은 무책임하고 그리 사려 깊지도 않지만 무척이나 매력적으로 보인다. 심지어 낯선 사람에게도! 개중에는 떼쟁이들이나 유머러스하게 불평불만을 늘어놓는 사람들도 있다. 보기에는 눈치 빠르고 재미에의 의지' 때문에 무의식적으로 자신을 배신하는 경우만 생각해 본다.)

본인이 "그러니까", "내 말은", "하긴", "내 생각에는", "저기", "사실은" 같은 어구를 항상 읊조리고 있음을 알아차리고 놀랐다면, 자신의 목소리에 한참 귀를 기울여 보라. 그러면 자신의 발언에 쓸데없는 어구가 몇 번이고 되풀이될 뿐만 아니라 참신하거나 가치 있는 어떠한 이야깃거리도 없다는 사실을 발견하게 될 것이다. 하지만 같은 경우라도 그것이 훨씬 미묘하고 잠재적일 때는, 같은 이야기를 되풀이해도 듣는 이가 계속 바뀌기 때문에 아주 오랫동안 드러나지 않을 수도 있다.

'실패에의 의지'에 아주 모호하고 분명치 않게 희생되는 양태는 이 외에도 많다. 내성적인 사람과 외향적인 사람이 모두 똑같이 희생되기 쉽다. 예컨대 아주 적은 능력과 훈련만으로도 가능한 일을 일부러 떠맡고는, 혹독하게 자신을 몰아붙이며 쓸데없는 사소한 부분에 기력을 소진하는 무수한 사람들을 생각해 보라. 평생 교육원 과정을 수강하면서, 영원히 같은 자리를 맴도는 유령선처럼 해마다 대학 캠퍼스에 나타나는 사람들도 있다.

어떤 사람들은 자기 능력을 넘어서는 과제를 떠맡거나

허울만 좋은 '연구' 문제에 몰두한다. 예를 들어 뉴욕의 어떤 남자는 잘 알려지지 않은 이탈리아 정치가의 일생에 관한 세세한 자료들을 대학교 2학년 때부터 수집해 왔다. 전기 작가의 탈을 쓴 이 남자는 지금 사십대 후반이지만 그 이탈리아 정치가의 최종적인 일대기는 아직 한 단어도 집필한 바 없다.

무의식중에 실패를 목적으로 살아가는 사람들은 대개 응석받이다. 만약 당신이 필요 이상으로 아양을 떨고 있다면 이렇게 말해도 틀림이 없다.

"아, 나는 실패자구나!"

진정으로 따뜻한 마음과 다정함, 정말 친절한 성격을 비난할 의도는 전혀 없다. 지금 우리가 말하려는 것은 세상의 '해럴드 스킴폴'(찰스 디킨스의 소설 『황폐한 집』에 나오는 유치하고 극도로 무도덕(無道德)한 인물. 옮긴이), 즉 감언이설을 일삼으며 아양을 떠는 이들로, 주변인들에게 마냥 즐거운 아이로만 받아들여지기를 바란다. 이들은 무책임하고 그리 사려 깊지도 않지만 무척이나 매력적으로 보인다. 심지어 낯선 사람에게도! 개중에는 떼쟁이들이나 유머러스하게 불평불만을 늘어놓는 사람들도 있다. 보기에는 눈치 빠르고 재미

있어서 괜찮은 것 같지만, 사실 이들은 잠시 동안 관대함과 애정을 불러일으키는 것 이상의 일은 하지 않는다.

우리는 나중에 돌이켜 보고서야 이들을 향한 한순간의 감정에 어떤 타당한 이유가 없었음을 알게 된다. 양심상 떳떳하지 못한 사람들이 아니라면 이런 반응을 얻으려고 연극을 할 생각은 하지 않을 것이다. 자신의 부족함을 다른 사람들이 너그럽게 보아 주는 이상, 그들은 자신이 실패하고 있음을 인정하지 않아도 된다. 그래서 그들은 계속해서 속이는 인생을 사는 것이다.

무의미해 보이는 활동이나 그럴싸해 보이는 일과로 시간을 허비하는 양태는 이 외에도 헤아릴 수 없이 많으며, 이들은 모두 '실패에의 의지'에 복종한 결과이다.

이런 활동들은 명백히 무의미할 뿐이라는 것을 기억하라. 모든 경우에는 깊이 숨겨진 의도가 있으며 이것은 여러 가지로 말할 수 있다.

가장 분명한 의도는 자신이 능력을 한껏 발휘하며 살고 있다고 세상을 속이려는 것이다. 수천 가지 사소한 문제들로 인생이 꽉 차 있거나, 크고 고생스러운 하나의 일을 버겁게 수행하는 외향적인 사람들의 경우가 특히 그렇다. 아무도 우리가 하는 것 이상을 우리에게 요구할 수는 없는 것일까? 우리는 너무 바빠서 이 이상의 무엇을 할 시간도 여력도 전혀 없는 것일까? 단조롭거나 하찮거나 불만족스러운 과업을 철저히 수행하는 것이 우리의 의무인 것일까? 이것은 오로지 자신만이 솔직히 답할 수 있는 질문들이다. 잠 못 드는 시간이나 병의 회복기처럼, 평소 사소한 일들로 머릿속이 꽉 차 있다가 비로소 생각해 볼 여유가 생기는 시간에 말이다.

따지고 보면 남들을 얼마나 교묘하게 속이느냐 하는 것은 별 의미를 갖지 못한다. 우리가 타고난 재능을 발휘하지 못하고 있거나, 진정으로 추구한 자신만의 일을 통해 세계에 공헌하는 자기 소임을 다하고 있지 못하다면, 우리 삶에는 불행의 응어리가 생길 것이고 이것은 세월이 갈수록 점점 간과하기 어려워질 것이다.

시간과 에너지의 낭비를 일삼는 사람들과 게으름뱅이, 고된 일을 지겹게 하는 사람들은 스스로를 속이고 있다. 이들은 혹시 내가 하는 일이 무익한 것은 아닌가 하는 의구심이 새어 들어오지 않도록 깨어 있는 시간 내내 신경을 쓴다. 그러니 당연히 밤이 되면 열심히 놀거나 지쳐 떨어져 현실을 생각할 수 없는 것이다. 이들은 무엇과도 바꿀 수 없는 인생이라는 귀중한 돈궤에 잡다한 감성과 고생 무용담, 변덕과 흥분 따위의 허섭스레기를 무분별하게 쑤셔 넣는 정신 나간 수전노와 같다.

표면적인 이유가 무엇이든지 간에 이 모든 경우에 작용하는 동기는 분명 하나다. 그것은 부차적인 활동이나 대체 활동으로 인생을 꽉 채워서 우리가 할 수 있는 최고의 일을 수행할 시간을 없애려는 무의식적 의도다. 간단히 말해 '실패에의 의지'인 것이다.

아르투어 쇼펜하우어
Photo by Jacob Seib, 1852

Chapter 4

실패에서 오는 보상

~~~

모든 사람은 자기 시야의 한계를
세상의 한계로 여긴다.

아르투어 쇼펜하우어

누가 현명한가? 만인에게 배움을 얻는 자.
누가 강한가? 자기 열정을 지배하는 자.
누가 부자인가? 만족하는 자.
그런 자 누구인가? 아무도 없다.

벤저민 프랭클린

사람이 실패하기 위한 무의식적 음모 속으로 진지하게 걸어 들어간다는 것이 처음에는 우스꽝스럽게 느껴질지 모르지만, 잘 관찰해 보면 어떠한 식으로든 일부러 자신을 무능력하게 만들고 인생을 훼방 놓지 않는 사람은 백의 하나가 될까 말까 하다. 어째서 이런 일이 생기는지를 이해하기 위해 한 장에 걸쳐 살펴볼 필요가 있겠다. "실패에서 오는 보상"이라는 이 장의 제목은 모순된 말이 아니다.

최근 심리학의 모든 영역으로 관심이 확산되면서 우리는 처음에 웃음거리로만 생각했던 개념들을 차츰 받아들이게 됐다. 우리는 의식적으로나 무의식적으로나, 깨어 있을 때나 잠들어 있을 때나, 지금의 현실보다 더 행복할 거라 여기는 상황을 꿈꾼다. 가끔은 행복이나 성공에 관한 유치한 생각이 평범한 일상을 살아가는 우리를 혼란스럽게 하거나 구속하기도 한다. 때로 이 꿈은 사치스럽게 빈둥거리는 삶을 그리는데, 이것은 엄마 품 같은 은신처를 떠나지 않으려고 고집 부리는 어린애 같은 무의식이다. 거기서는 모든 욕구가 바로바로 충족되고, 따뜻함과 먹을거리와 애정을 힘들이지 않고 얻을 수 있다. 과거로 회귀하는 몽상을 표현하는 전문 어휘가 생기기 전에, 즉 '고착'과 '나르시시즘'이라는 말이 알려지기 오래전에 랠프 월도 에머슨은 이렇게 썼다.

"우리는 만족스러운 '어제'를 닮거나 그것을 재현할 수 있는 어떠한 힘이 '오늘'에 있다고 믿지 않는다. 우리는 빵과 휴식을 얻을 수 있었던 낡은 집의 다 쓰러진 잔해에서 서성인다."

이것은 모든 사람에게 어느 정도 맞는 말이지만, 행복하고 성공한 사람들보다는 그렇지 못한 사람들에게 더 맞는 말이다.

한편, 서로 어울리지 않아 보이지만, 인생을 낭비하는 몽상은 성공과 관련이 있다. 온순한 남성은 전쟁터나 금융

계의 영웅을 꿈꾸고, 소심한 여성은 요부를 꿈꾼다. 현실이 그런 몽상을 방해하지 않는다면 몽상가는 현실의 일부를 깨닫는 입장에 있는 것보다 조용히 공상소설 쓰기에 빠져 있는 편이 더 행복할 것이다. 이런 몽상 자체는 지루한 일상이나 흥밋거리 없이 단조로운 생활에 보상이 된다.

그러나 세상은 실제로 존재하는 것이기에, 몽상가는 차가운 분위기의 현실 속에서 최소한 자기 인생의 일부를 보내야 한다. 우리는 꿈의 나라에 사는 것이 아니다. 구운 돼지들이 날 좀 먹어달라고 외치며 돌아다니지도 않고, 나무에 매달린 과일이 저절로 입 안에 떨어지지도 않는다. 아무리 행복한 백일몽을 꾼다 해도, 가끔은 꿈에서 깨어나 현실의 삶이 주는 어려운 상황과 맞서 싸워야 하는 것이다.

꿈에 집착하는 사람은 꼭 필요한 만큼만 노력하고 그 이상은 하지 않는다. 그는 입에 풀칠하기 위해 마지못해 아무 일이든 할 것이다. 그리고 그날의 일이 끝나면 다시 꿈 속에 빠져들 것이다. 그 자신은 이것을 인식할 수도 있고 못할 수도 있다. 그는 오로지 한 가지 일에만 성공한다. 바로 단 하나의 목적을 위해 약간의 공간을 치우고 매일 몇 시간의 자유를 얻는 것이다. 그 목적이란 계속해서 인생을 낭비하는 것이다. 하지만 그의 꿈은 행복하다. 그에게 꿈이란 다른 모든 관계의 실패를 메워 주는 진정한 보상이기에 그는 계속 꿈속에 머무른다. 그러나 결국 진정한 목적은 행복이다. 그는 현실에서의 아주 작은 성공이 오랜 몽상보다 더 큰 행복을 가져다준다는 것을 알지 못해서 그저 착각에 빠져 있을 뿐이다.

그렇지만 우리가 사는 세상에 '실패에서 오는 보상'이 실제로 존재한다는 사실을 기억하는 것은 중요한 일이다. 그렇지 않다면 우리는 마음을 다잡고 현실에 올바로 맞서 싸우지 않을 것이다. 게다가 실패에는 꿈 말고 다른 보상도 있다.

예를 들어, 할 만큼 했다고 말하며 자신을 정당화할 수 있을 정도로 어떤 일에 충분히 노력한 뒤에 평생 손을 놓고 있다고 생각해 보자. 그는 노력했지만 자신에게는 진정한 성공을 거둘 만한 자질이 부족했노라고 겸손하게 말할지도 모른다. 흔히 들을 수는 없지만, 이것은 늙은 실패자들이 농담과 자조 섞인 투로 가끔 내뱉는 말이다. 이 말은 매우 진솔하게 느껴지고 마음에 와 닿는다. 그 사람의 불평이 꼭 맞는 말만은 아니라는 것을 입증할 방법도 사실상 없다.

우리는 자신을 가로막는 것은 무엇이든 운명이라 부른다.

랠프 월도 에머슨

장애물 달리기를 하고 있는 센트럴 고등학교 학생들. 워싱턴 D.C., 1924년

어쨌든 그는 그럭저럭 평생의 노력을 다한 셈이다. 이런 부류는 남들의 노력을 반쯤은 흥미로워하고, 또 반쯤은 부러워하며 바라보고, 그들이 성공을 거두면 기뻐할 것이다. 하지만 인간의 본성대로, 어쩌면 그들이 실패해서 같은 처지의 구경꾼으로 자기 옆에 자리 잡는 것을 더 기뻐할지도 모른다.

벤저민 프랭클린(1706~1790)은 이렇게 말했다.

"인간은 대단히 천박하고 비겁해서 어떤 일을 시작했다가 어려움을 만나면 금세 풀이 꺾여 줄행랑을 놓아 버린다."

당신의 무의식은 이렇게 묻는다. 시도했다가 그만둔 뒤에, 한 번만 더 해 봤으면 성공할 수 있었을 것이라는 생각을 갖고 사는 것도 괜찮지 않냐고. 이렇게 하면 당신은 먼지 이는 경주 코스를 계속 달리기만 하는 사람들로서는 도저히 이르지 못할 기준을 제시하는 사람이 될 수 있다. 너무나도 훌륭하고 도달 불가능한 기준이므로 여기에 도달하지 못한 것은 남이 쉽게 이룬 성공보다 더 영광스러운 것임을 은근히 내비칠 수 있다. 정작 이룬 것은 하나도 없지만 한 번만 더 도전했으면 이룰 수 있었을지 모를 영예와 막대한 부와 걸작이, 당신의 몽상에서 그리고 당신에게 동조하는 사람들의 눈에는, 진짜 성공보다 더 중요해 보이게 된다.

그리고 이럴 경우에 당신은 외부 활동에 수반되는 노력과 고통, 모욕을 피해 갈 수 있다는 점도 주목하라. 덕분에 당신은 자신이 매달렸던 목표가 멸시당하거나 오해받는 꼴을 볼 필요가 없다. 경쟁하느라 밟고 일어서야만 했던 경쟁자의 원한을 느낄 필요도 없고, 적대적인 비판을 감내할 필요도 없다. 성공을 시기하는 사람들의 사소한 심술까지 의식해야 할 필요도 없고, 피곤한데 논쟁까지 하면서 자기 의견을 관철시킬 필요도 없다. 아울러 더 깊고 더 치명적인 고통, 즉 당신이 완료한 일과 원래 목표 간의 괴리를 목도해야 하는 괴로움을 감내할 필요도 없다. 성실한 노력가를 정말 초라하게 만드는 이런 괴리는 늘 있는 것이기 때문이다.

이렇듯 우리가 회피하는 불편과 고통의 문제를 주시하는 것은 중요한 일이다. 사람들이 성공보다 실패를 자주 택하는 이유를 살펴보고 싶을 때 이 문제가 우리에게 깨달음을 주기 때문이다. 실패할 경우 우리에게 보상이 주어진다는 것을 알아야 한다. 그 보상이란, 지쳐 늘어지고 낙담할 위험이나, 유난히 다루기 어려운 직장 동료나 자료 때문에 신경이 예민해질 위험을 무릅쓰지 않아도 좋다는 사실이다.

내가 맡고 싶었던 바로 그 분야에서 다른 사람이 두각을 나타내더라도, 내가 한 번만 더 시도했더라면 그보다 더 잘할 수 있었을 거라 믿어 버리면 그만인 것이다.

또 눈에 띄지 않고 가만히 있으면, 사랑하는 사람들을 밟고 올라가야 하는 경험을 할 필요도 없다. 아마 여성들이 받는 '실패에서 오는 보상'이 대개 이런 것이겠지만, 저명한 부모를 둔 자녀들이나 어느 분야에서든 한때 명성을 날렸던 스승을 둔 제자들 중에도 이런 경우가 많다. 타인에게 고통을 주는 경험을 겁내는 많은 사람들이 가급적 그런 경험을 하지 않으려 하는 것은 사실이다. 하지만 그들은 사랑의 관대함을 미처 고려하지 못한다. 따라서 노력하지 않는 데 대한 변명은 바로 이런 태만에 뿌리를 둔 경우가 많지, 중요한 관계를 다치지 않으려고 야망과 타협하느냐의 문제가 아니다.

또 실패함으로써 우리는 주로 성공한 사람들의 주변에서 생겨나는 숱한 뒷이야기와 몰이해와 입방아로부터 벗어날 수 있다. 이것을 지나치게 두려워하는 것은 신경과민이지만, 이 두려움은 종종 많은 성공을 방해하는 요인이 된다. 주목 받는 인물들은 늘 주목 받지 못하는 사람들의 호기심의 대상이 되지만, 진실을 아는 소수의 주변 사람들 외에 다른 사람들의 생각에는 신경 쓸 필요가 없다. 그럼에도 많은 사람들은 자신의 내면을 단단하게 다지기보다는 그저 대중의 천박한 호기심을 피하기 위해 활동적인 삶에서 한 발 물러난다.

이렇다 보니 우리는 비웃음을 살 정도로 실패한 것이 아니라면 특출한 노력가보다는 평범한 사람이 됨으로써 더욱 기쁨을 느끼게 된다. 진짜 성공에 도달하는 사람은 끊임없이 일하는 경우가 많다. 휴식을 취하는 시간에도 그들은 자신이 몰두하고 있는 일에서 헤어나지 못한다. 성공한 사람은 실패한 사람보다 자유 시간을 많이 갖지 못하고, 동료들과 어울리지 않기로 정해 놓은 시간을 정확하게 준수한다. 그는 즉흥적인 친목 도모에 좀처럼 끼지 못한다. 자기 생활의 불만스러운 상황에서 빠져나갈 구멍을 언제나 무의식적으로 찾는 사람이 아니기 때문이다.

그에게는 자기 실패를 의식하는 사람들이 늘 갖는 가슴속 깊은 자책감이 없기 때문에 반드시 이겨야 한다는 충동도 없다. 그는 자신의 선택과 밀접한 연관이 있는 사람들의 인생을 위해 자신의 기질과 의존심, 감정과 쾌락을 자발적으로 억제한다. 그래서 정말 절친한 지인 외에는 그에게 '퉁명스럽고 다가가기 어려운 사람' 혹은 '지나치게 점잔을 빼는 사람'이라는 낙인을 찍을 수도 있다.

하지만 무관심하거나 재미있다는 시선 혹은 적대적인 시선으로 당신을 보는 사람이 하늘 아래 있다는 사실을 견디지 못한다면 당신은 아마도 남들에게 한껏 아양이나 떨며 실패를 계속하게 될 것이다.

여기서 잠시 '실패에의 의지'가 작용하는 세 사람의 인생을 살펴본다면 도움이 되리라. 남의 눈에는 이들의 인생이 굉장히 적극적으로 보일 수 있다. 하지만 활동적으로만 보였던 이들의 인생은 알고 보면 비협조적인 운명에 발목 잡힌 희생자들의 인생과 다르지 않다. 좀 더 자세히 관찰해 보면, 이들의 실패를 결정지은 요인은 오로지 개인의 성향뿐이었음을 알 수 있다.

이 사람들은 충만하고 행복하고 생산적인 인생을 누리는 데 필요한 능력을 가졌다. 하지만 자신들의 허울 좋은 목표를 이루지 못하는 데에 모든 에너지를 허비했다. 한 사람은 자신의 잘못을 깨닫고 그것을 수정했다. 또 한 사람은 자신이 엉뚱한 곳에 재능을 낭비했다는 사실도 모른 채 세상을 떠났다. 마지막 한 사람은 성공과 너무나 동떨어진 자리에서 여전히 자신의 문제와 싸우는 중이지만 이름만은 잘 알려져 있다.

첫 번째 사람은 청상과부가 된 한 여성이다. 그녀는 학자 집안 출신이고 대학에서도 꽤 똑똑한 학생이었다. 어린 딸과 함께 살기에는 빠듯한 형편이었지만 문학 석사와 철학 박사 학위를 따기 위해 학교로 돌아갔다. 교육자로 일할 준비를 하기 위해서였다.

사실 (놀랍게도 어려움이 너무 커져서 나중에 결국 외부의 조언을 구하게 된) 이 여성은 다시 학생이 된다는 것, 성인들 세계에서 어린아이 같은 상태로 살 수 있다는 것, 따라서 자신이 하려고만 하면 취업 준비 기간을 연장할 수 있다는 사실이 기뻤다. 박사 학위를 딴 후, 그녀는 자타가 인정할 만한 최고의 노력을 통해 자신에게 적합한 일자리를 찾았다.

다만 이 여성은 줄곧 윗사람들과 신랄한 말싸움에 휘말렸고, 그 주제는 언제나 남다른 자신의 경제학적 의견에 관한 것이었다. 이 의견은 그녀가 교단에서 가르쳐야 할 주제와 하등의 관계도 없었다. 세상이 그것을 받아들이건 거부하건, 그녀가 수행해야 할 수업에는 아무런 차이가 없었다. 하지만 터무니없는 그 의견이 직장 동료들의 논란거리가 되면서, 그녀는 취직을 할 때마다 잘 보여야 할 사람들의 눈에 미운 털이 박히는 상황을 만들고 말았다.

그녀는 단 한 번도 계약 기간을 연장하지 못하고 여러 자리를 전전했다. 그녀는 훌륭한 강사이자 아는 것이 많은 학생이었고 능력도 좋았지만, 오랜 기간 열심히 일할 수 있는 사람은 결코 아니라는 것이 조금씩 확실해졌다. 교수가 되겠다는 희망은 사그라졌다. 그녀는 좋은 대학에서 점차 이름 없는 작은 학교로 낮추어 가야 했고, 이렇게 차츰 미끄러지다 보니 자신의 추락을 정당화하기 위한 철학을 꾸미게 됐다.

그녀는 우리가 지나치게 향락적인 인생을 살고 있고, 좋은 옷이나 맛있는 음식, 안락 따위에 너무 높은 가치를 두고 있다고 주장했다. 결국 그녀는 대도시의 빈민가 주택으로 들어가 사는 것까지도 정당화하게 됐다. 하지만 친구를 초대하게 되자 그녀의 반항적인 자기 정당화는 무너지고 말았다. 그녀는 점점 고립됐고 더욱 괴팍해졌지만, 계속되는 허세의 불꽃만은 꺼지지 않았다.

숲 속 눈길을 걸어오르는 남자.
Chromolithography by Engelhart, 1904

우리 안의 문제에 비하면
우리 밖의 문제는 사소한 것에 지나지 않는다.

랠프 월도 에머슨

다행스럽게도 그녀의 딸은 지극히 똑똑하고 매력적인 사람으로 자라났다. 아이는 엄마의 위선적인 철학에 아무 감흥도 느끼지 못했다. 자신들의 고립된 생활과 차림새가 여러모로 불리하게 작용하고 있음을 알았다. 사춘기에 들어서면서 딸은 더 괜찮은 생활과 적당한 배경을 얻기 위해 분투하기 시작했다. 엄마는 딸의 반대를 받아들이든지, 아니면 딸을 잃어야만 했다. 자신의 거짓된 견해를 고치려고 혼자 갖은 노력을 해 봤지만 허사였다. 그녀는 여전히 수시로 언쟁을 불러일으켰으며, 자신의 학력과 능력에 비해 턱없이 적은 월급을 받기 위해 불만족스러운 직장을 오로지 인내심에 의지해 붙잡고 있었다.

마침내 정신과 의사를 찾았을 때 그녀는 자신이 실패하는 데 모든 에너지를 쏟아부었음을 깨닫고 망연자실했다. 그녀의 무의식은 일하러 나가야만 하는 현실을 증오했던 것이다. 어린아이로 남아 있거나, 사랑과 귀여움을 받는 아내로 돌아가고 싶었기 때문이다. 그녀가 일으키는 말싸움은 정신분석학자들이 말하는 '중복결정'(과잉 결정)이다. 이것은 무의식에 의해 하나의 심상(이미지)에 여러 연상이 겹치는 현상이다. 빨리 해고되어 일을 하지 않는 것과, 남자들의 관심을 끄는 것이 그 목적이었다.

그러나 자신이 태연히 '남편감 사냥'을 하고 있다는 사실을 인정할 수는 없었으므로 대신 말싸움을 거는 기술을 썼고, 이것은 매력적으로 보이는 것만큼이나 남들의 관심을 끄는 데 효과적이었다. 그녀는 자신이 야기한 상황을 제자리로 돌려놓기 위해 아주 길고 힘든 노력을 기울여야 했고, 결국에는 성공했다.

두 번째 경우는 작은 도시나 시골에서 흔히 볼 수 있는 어떤 사람의 인생이다. 이런 종류의 실패는 관대하게 받아들여질 뿐만 아니라 성공보다도 훨씬 고상하고 훌륭한 것으로 여겨지기도 한다. 이 남성은 고결한 성품으로 널리 알려진 선량한 사람이었지만 미국인 특유의 억척스러움은 없었다. 그는 작은 마을에서 태어나 그곳에서 살다가 죽었다. 허름하고 작은 제조업 중심의 마을이었다. 그는 진심으로 고향을 사랑했고 그 이상은 바라지도 않았다. 하지만 그가 읽은 책은 언제나 여행과 모험에 관한 것이었고, 그는 가 보지 못한 나라와 지역들을 아쉬운 듯 끊임없이 이야기했다.

그에게 좋은 기회가 없었던 것은 아니다. 기회는 왔고,

그의 마음을 끌었다. 그는 어느 대기업 지점의 지점장이었는데, 일을 잘했기 때문에 더 큰 도시의 비슷한 자리와 더욱 높은 봉급을 제안 받았다. 그는 흔쾌히 수락했다. 그러나 이틀도 되지 않아, 다시 생각해 본 결과 자신에겐 과분한 자리인 것 같다는 회신을 보냈다. 소심했기 때문이다. 몇 년 후 회사는 여러 가지 개선된 방식들을 도입하려 했지만, 그는 새로운 방식들을 시도하기가 두려운 나머지 일일이 딴죽을 걸었다. 그는 이내 골칫거리가 됐고 회사는 얼마 안 되는 연금을 주어 그를 퇴직시켰다.

그래도 그는 투박한 철학가로 마을 사람들의 사랑을 받았다. 한 상원의원이 그의 장례식에서 심금을 울리는 연설을 하자, 그를 따르던 마을 사람들은 달랠 길 없는 애통함을 느꼈다.

냉정하게 보이겠지만 이쯤에서 다음과 같은 사실을 지적해 보자. 그의 아내는 과로에 시달리다 그보다 십 년이나 먼저 세상을 떠났고, 한 아들은 인품이 아버지만큼이나 훌륭했지만 받은 교육이라곤 동네 학교를 다닌 것이 고작이었다. 또다른 아들은 스스로 돈을 벌어 대학을 졸업해야 했기에 에너지와 체력을 그만큼 손해 보았고(교육을 받으려면 스스로 학비를 버는 것이 가장 이상적이라는 미국적 신념은 또 하나의 착오일 뿐이다), 딸은 편안함도 애정도 늘 부족했던 집을 탈출하기 위해 사랑 없는 결혼을 했다.

한 가지 분명히 해 둘 것이 있다. 성공이란 어떤 면에서 불명예다라는 생각은 가식이나 위선, 둘 중 하나다. 우리 사회에는 이런 그릇된 생각을 강요하는 분위기가 존재하는데, 이것은 어쩌면 '성공'이라는 단순한 의미를 부정하게 얻은 엄청난 재물과 혼동하기 때문인 듯하다. 그러나 사람이 뜻한 바를 이루고 보상을 받는 것을 천박하게 여긴다면, 그것은 말도 안 되는 소리이며 우리가 일반적으로 말하는 '철학'과도 완전히 배치되는 것이다(여기서 보상이란 동년배들의 인정일 때도 있고, 세상이 우리의 기여로 더욱 살기 좋아졌다는 깨달음일 때도 있고, 어떤 재화나 용역의 가치에 상응하는 가격으로 판매자에게 지불된 돈일 때도 있다).

하버드 대학교의 저명한 철학 교수 윌리엄 어니스트 호킹(1873~1966)은 그의 역작 『인간의 본성과 그것의 개조』(1918)에서 바로 이 점에 대해 다음과 같이 말한 바 있다.

"이 땅의 과실을 거두라는 명이 인간에게 정상적으로 주어진 지위일진대, 어째서 그 지위에 도달한 자는 큰 능력을 보이고도 자신이 성공했다는 것을 인정받지 못하는가? 재물을 일구는 것은 사람의 공력이며, 대개는 능력의 척도이다."

세 번째 인물의 이름을 아는 사람이라면 여기서 '실패에의 의지'가 작용한 예로 그가 등장한 데 대해 강하게 반발하리라. 이 사람은 작가이고, 작가인 아버지를 두었다. 그는 처음부터 유명인의 후광을 등에 업는 행운을 누렸기 때문에 문학인들의 첫 발판인 '인정'이라는 것을 받기까지 소요되는 오랜 기간의 치열한 노력은 잘 알지 못한다. 그런데도 그는 실패할지 모른다는 공포 속에 살고 있으며 그를 그런 쪽으로 몰아가는 본능에 사로잡혀 있다. 그는 돈이 궁해지기 전까지는 글을 쓸 생각을 하지 않다가 한 번 펜을 들면 미친 듯이 글을 써서 기운을 빼고, 결국에는 피로에 찌들어 회복기 환자처럼 비실거린다.

그는 이런 나쁜 작업 습관을 극복하기 위해, 정신과 의사의 조언에 따라 돈이 급하지 않을 때도 일하려는 시도를 여러 번 해 보았다. 그러나 그런 상황에서는 고쳐 쓰지 않고는 도저히 내놓을 수 없는 작품들밖에 나오지 않았다. 물론 이렇게 낭비된 노력과, 실망스러운 수정본을 쓰느라 끊임없이 소요된 시간에 대해 세상 사람들은 알지 못한다. 이런 일이 생길 때마다 그는 일이 점점 지루해지고 흥미가 떨어졌으며, 자기 이름을 걸고 내놓기에 부끄럽지 않은 책을 쓸 수 있다는 믿음이 점차 희박해졌다.

이번에도 그의 행동에 대한 무의식적 이유를 분석하자면, 되는 대로 불만족스럽게 작업하려는 태도 또한 '중복결정'의 소산이다. 하나는 같은 직업에 종사하는 유명인 아버지를 능가하는 데 대한 두려움이고, 다른 하나는 피땀 흘려 쓴 작품이 퇴짜를 맞으면 일을 하지 않아도 되므로 자유롭게 꿈꾸며 자신의 인생을 살 수 있을 것이라는 영악한 무의식적 생각이다.

이것을 제대로 이해한다면 딜레마에서 벗어날 수 있을 텐데, 이 불쌍한 남자는 계속 똑같은 경험을 반복하고 있다. 돈이 떨어져서 더 이상 외상을 긁을 수도, 친구들에게 신세를 질 수도, 자신의 명성을 이용할 수도 없을 정도로 궁지에 몰릴 때, 즉 자포자기할 용기가 생길 때, 비로소 그는 고쳐 쓰지 않아도 되는 괜찮은 작품을 쓴다. 그는 여기서 쓸모있는 결론을 끌어내지 않고 하나의 징크스를 만들었다. 그의 표현을 빌리자면 '13시'에 완성된 작품이야말로 행운의 작품이라는 것이다! 그는 여전히 단조로운 반복을 거듭하고 있다.

이 세 사람의 경우, 실패 또는 실패에 상응하는 경험이 보상을 가져왔다. 즉 필사의 노력에서 벗어났고, 백일몽에 허비할 수 있는 시간을 얻었다. 이들이 자신의 생활방식을 고치려 한 시점은 오로지 좌절이 끔찍하게 고통스러울 때뿐이었다.

이런 식으로 인생을 허비하는 이들이 살짝 정신 나간 사람들 같은가? 우리는 모두 그들과 비슷한 어려움을 겪고, 일을 회피하고, 기회를 놓치고 있다. 당신은 과거를 돌이켜보며 "내가 오 년 전에 그렇게만 했어도 지금 이렇지는 않을 텐데……"라는 생각을 한 적이 없는가? 그러나 기회는 그때에도 있었다. 어째서 그것을 몰랐을까? 당신은 나중에 기회였다고 말할 수 있는 것을 뻔히 보고도 놓친 것은 아닌가? 당신의 삶에도 '실패에의 의지'가 작용하고 있지는 않은가?

성공에서 오는 보상의 가치는 이와 비교도 할 수 없을

정도로 훨씬 크다. 성공은 아무리 작은 것이라도, 우리가 행하지 않았다면 결코 세상에 존재하지 않았을 것이기에, 실패한 사람들이 평생 알지 못할 큰 만족감을 바로 우리 자신에게 안겨준다. 인간을 시험하는 기준은 수시로 변하는 몽상 속 기준이 아닌 현실의 저울임을 깨닫는 것은, 오랫동안 바다에서 떠돌다 뭍에 발을 딛는 것과도 같다. 오직 최선을 다해 일하는 사람만이, 현실에 눈뜨는 고통스러운 경험을 맛보지 않는다. 때로 우리는 너무 늦게 눈을 뜨는 바람에 정상적인 습관과 태도를 완전히 잊어 버리기도 한다.

성공을 할 경우에는 헤아릴 수 없이 많은 주관적 이익뿐만 아니라 상당한 객관적 보상도 따라온다. 꿈속에서 그린 그림은 아무도 사지 않고, 꿈속에서 계획한 일은 수익을 내지 못하며, 환상 속에서 쓴 책은 어떠한 찬사도 받지 못한다. 비관주의자들에게 좋은 선택을 했다는 확신을 더해 주는 세상에서 이런 말은 어리석게 들릴지도 모르지만, 이것은 글자 그대로의 진실이면서 더 큰 진실을 상징한다. 환상 속에서는 현실의 포도가 시게만 느껴질지 모르나, 그 포도를 실제로 한 번 맛본 사람은 옹골찬 희열을 알게 된다.

아리스토텔레스

Chapter 5

에즈 이프 법칙의 힘

인간은 특별한 방식으로 끊임없이 행동하면
특별한 품성을 갖게 된다. 올바른 행동을 계속하면
올바른 사람이 되고 절제된 행동을 계속하면
절제력 있는 사람이 되며 용감한 행동을 계속하면
용감한 사람이 된다.

아리스토텔레스

우리는 과녁을 맞히기 위해 과녁 위를 겨눈다.

랠프 월도 에머슨

'실패에의 의지'에도 불구하고, 또 '실패에서 오는 보상'에도 불구하고, 성공은 인간의 보편적인 목표이자 고유한 목적이다. 에너지를 제대로 쓰려면 나태해지려고 기를 쓰는 데 낭비하거나 비생산적이고 쓸데없는 활동을 하는 데 퍼부어는 안 된다. 우리가 이를 수 있는 가장 성숙하고 가장 포괄적인 자기 목적에 써야 한다.

고귀하기 그지없는 이 성공이란 개념은 사람마다 다를 뿐더러, 성장하면서 점차 확대된다. 제삼자는 다른 사람의 사적인 성공의 정의에 대해 이래라 저래라 할 수 없다. 여기에는 동료들의 인정이나 더 많은 금전적 보상이 포함될 때도 많지만 그렇지 않을 때도 있다. 과학 분야에 종사하는 많은 연구원들의 경우, 과학의 발전에 필요한 엄청난 양의 세부 자료에 작은 것 하나를 덧붙이거나, 가설과 관찰의 영역에서 하나를 끄집어내어 이미 밝혀진 진실들과의 연관성을 밝혀낼 수 있다면, 자신이 완전히 성공했다고 생각할 것이다(그리고 이 생각은 대개 옳다). 물론 그의 이름은 그 분야 외의 사람들에겐 잘 알려지지 않을 것이다. 어쩌면 그 분야에서조차 무명으로 남을지도 모른다. 그러나 자신이 계획했던 바를 이루었다면, 어쨌든 그는 자신의 목적을 달성해 성공한 것이다.

성공에 있어서, 최고의 연기력에 도달한 여배우는 건강하고 행복한 대가족을 이룬 어머니와 다를 바 없고, 교구 사람들을 지극 정성으로 보살피는 목사나 신부는 당대에 명성을 떨친 천재와 같은 선상에 있다. 다른 사람이 꿈꾸는 성공은 나의 성공과 별 공통점이 없기에 상대방이 택한 일의 성공 여부를 우리가 알기는 어렵지만, 상상력이 전혀 없는 사람이 아니라면, 책임감 있고 효율적이고 쓸모있고 행복하게 자신의 장점과 재능을 최대한 이용해 사는 모습을 보고 그가 인생에 성공한 사람임을 알 수 있다.

'성공'의 의미를 너무 한정적으로 정의하는 것은 이 책의 목적을 흐리는 것이다. 사람들이 '성공'이라는 단어를 의심하는 이유는 '성공'의 범위가 무한히 넓다는 것을 알지 못하기 때문이다. 우리는 대개 사춘기 후반이면 자신에 대해 많은 것을 알게 된다. '너 자신을 알라'는 조언을 진지하게 받아들인다면, 이렇게 알게 된 자기 모습을 자세히 관찰하고 고민해야 자신이 생각하는 이상적인 인생의 윤곽을 잡을 수 있다. 사람은 각자 자신의 장래에 관한 실마리를 찾아야 한다는 것, 영웅 숭배에 빠지거나 어느 한 사람의 성공 요인이 다른 사람에게도 절대 필요하다는 그릇된 개념에 현혹되지 말아야 한다는 것을 교육으로 아이들에게 가르쳐야 한다. 설령 그런 혼동을 겪거나 잘못된 출발을 하더라도, 혹은 스스로의 판단보다는 부모나 교사의 욕심에 휩쓸리더라도, 대부분의 사람들은 이십대 초반이면 자신에게 가장 적합한 일이 무엇인지, 적절한 훈련과 기회가 주어졌을 때 무엇을 가장 잘할 수 있는지 알게 된다.

여기서 주목할 것은 자신의 성향을 지나치게 과대평가하는 우를 범하지만 않는다면, 성공에 관한 저마다의 개념은 실현 가능한 범위를 넘지 않는다는 사실이다. 과대평가는커녕, 대개의 사람들은 자신의 능력이 얼마나 큰지조차 잘 모르고 있다. 이처럼 자신을 과소평가하게 되는 이유는 나중에 살펴보도록 하고, 정말 제정신이 아닌 경우만 빼면, 자기 능력을 한참 벗어나는 일을 잘할 수 있다고 생각하는 사람은 거의 없다는 것을 알아두자.

다음으로 이해해야 할 것은 여기서 우리가 말하는 성공이 차선이나 암시적인 의미를 갖지 않는다는 사실이다. 나에게 성공이란 어떤 것인가 하는 개념은 모종의 그럴싸하고 이상적인 타협안으로 대체될 수 없다. 기대치를 낮춰서 좀 더 쉬운 기준에 도달하라는 권고는 하지 않겠다. 그런 성공 프로그램은 결국 실패와 다를 바가 없다. 오히려 꼭 도달하고 싶은 원래 목표를 자기 앞에 뚜렷이 제시할수록, 그것을 달성할 가능성이 더욱 높아지게 된다.

지금까지 우리를 실패로 이끄는 본성을 살펴본 바, 정신 차리지 않으면 순순히 '죽음', 즉 '실패'의 길로 들어서게 된다는 것을 알았다. 그렇다면 우리가 성공하기 위해 활기찬 노력을 기울이지 못하도록 앞을 가로막는 것이 과연 무엇인가를 알아보도록 하자.

비행기에 항공 우편물을 싣고 있는 찰스 린드버그 (1902~1974, 오른쪽), 1926년 5월 15일. 그는 1927년 5월 21일 '스피릿 오브 세인트루이스' 호를 몰고 33시간 30분 만에 뉴욕-파리 간 무착륙 단독 비행에 최초로 성공해 국민적 영웅이 됐다. 하지만 그는 1년 전만 해도 항공 우편물을 배달하는 아마추어 조종사에 지나지 않았다. 그는 스물다섯 살에 상금 25,000달러가 걸린 불가능해 보이는 비행에 목숨을 걸고 도전해 성공함으로써 더 높이 더 멀리 더 오래 나는 꿈을 실현했다.

우리가 살고 있는 현재는 과거의 꿈이니
현재 꿈꾸는 불가능한 미래도 현재가 될 것이다.

찰스 린드버그

'스피릿 오브 세인트루이스' 호를 타고 시험
비행을 하고 있는 찰스 린드버그. 1927년 5월

그러기 위해서는 오늘날 악평의 대상이 되고 있는 주제에 관심을 가져야 한다. 바로 '최면'이다. 여러 가지 이유로 (그중에는 수긍 가는 것도 있고 고개를 갸웃거리게 만드는 것도 있지만) 최면은 요즘 간간이 연구 대상이 되는 주제이다. 최면에 관한 책을 한 번도 읽어 보지 못했다면, 사람을 대상으로 한 최면 기술 중에 가짜가 있을지 모른다는 의혹을 가질 수도 있다. 하지만 '자기암시'에 관한 책이라면 당신도 한 권 이상 읽어 봤을 것이다. '자기암시'란 몇 십 년 전 꽤 인기 있었던 치료법으로, 19세기의 최면 연구 과정에서 우연히 개발된 방법이다.

그러나 1800년대 중반 인도에서 있었던 외과의사 제임스 에스데일(1808~1859)의 연구를 아는 독자는 오늘날 거의 없다. 이 연구는 그가 수백 명의 환자에게 행한 무통 최면 외과 수술에 관한 것으로, 수술 과정에서 아무런 통증도 느끼지 못했던 환자들의 회복이 빨랐다고 한다. 이 연구는 '수술 쇼크'의 유해한 부작용에 관한 이론 형성에 기여했다. 또한 요즘에는 영국 의사 제임스 브레이드(1795~1860)와 프랑스 신경학자 이폴뤼트 베르넴(1840~1919, 피암시성 이론 정립)의 최면 연구도 아는 사람이 거의 없고, 굉장히 인상적인 실험들과 멋진 이론을 결합시킨 독일 의사 프리드리히 안톤 메스머(1734~1815, '최면의 아버지'라 불리며 최면술을 뜻하는 mesmerism의 어원)는 현재 돌팔이 정도로 취급되고 있다.

최근 최면이 도마 위에 오르고 있다는 사실에는 의심의 여지가 없다. 그 이유는 초기의 최면 치료사들이 기반도 없고 실체도 없는 이론을 자꾸 만들어 낸 탓도 있고 최면이라는 주제가 대중에게는 '강신술'이나, 사람이 손대지 않아도 펜이 저절로 글씨를 쓰는 심령 현상인 '석반 기록' 따위의 주제와 관련있는 것으로 각인된 탓도 있다(비록 나중에 이들 중 많은 것이 사기로 밝혀졌지만).

최면이 '오드 에너지'(최면을 일으키는 생체 에너지)나 '동물자기'(타인을 최면 상태로 만드는 에너지)에 관한 가설 등 아무것도 설명하지 못하는 설명들과 쓸데없이 얽히는 바람에 연구자들은 최면이라는 주제와 자꾸만 멀어지게 됐다. 최면에 대해 편견을 갖게 만드는 이런 이론들이 난립한 가운데, 한편에서는 클로로포름과 에테르를 사용한 마취 실험이 진행됐다. 최면으로 통증을 느끼지 못하게 하는 방법은 불확실했고 여러 가지 어려움이 동반됐다. 모든 사람이 최면에 걸리는 것도 아니고, 더 중요한 이유는 의사들이 최면을 걸 줄

몰랐기 때문이다. 따라서 클로로포름과 에테르를 사용하는 마취가 일반적으로 사용되기에 이르렀다.

19세기 중후반의 많은 예리한 비평가들은 최면에 관한 연구가 신체적 고통에서 인류를 해방하고, 기질적 어려움을 극복시키고, 질병을 치료하는 첫걸음이 될 것으로 믿었으나 결국 그것은 쇠락의 길을 걸었다. 정신분석 이론이 대두되면서 최면술의 패배는 굳어지고 말았다. 최소한 우리 세대에 있어서는.

우리가 생각하려는 법칙은 자기 최면과 아무 관계가 없다. 다만 결실을 거두려는 우리의 노력을 무력화하는 것이 과연 무엇인가를 깨닫기 위해 최면이 걸어온 쇠락의 과정을 참고하려 한다. 먼저 적절한 피험자를 다룬 최면의 성공 사례들을 생각해 보자. 이 사례들은 초자연적인 느낌을 주며, 그렇기 때문에 지금껏 우리에게 특별한 깨달음을 주지 못했다.

조금만 높은 곳에 올라가도 고소공포증을 느끼는 남자에게 최면을 걸면, 굉장히 높은 곳에서도 아주 좁은 판자 위를 걸을 수 있다. 또 가볍고 연약해 보이는 사람도 최면에 걸리면 엄청난 무게의 짐을 들어 올릴 수 있다. 말을 더듬는 사람도 달변가가 되라는 최면에 걸리면 평소 그를 괴롭히던 언어장애 없이 열변을 토할 수 있게 된다.

주목할 만한 사례 가운데 하나는 프레더릭 헨리 윌리엄 마이어스가 『인간의 성격』(5장 「최면술」)에서 언급한 어느 여성의 경우다. 임시 대역 배우로서 갑자기 어떤 스타의 자리를 대신하게 된 젊은 여성이 긴장과 무대 공포를 겪게 됐다. 그런데 가벼운 최면에 걸리자 그녀는 훌륭하고 능숙한 연기를 펼쳤고 많은 사람들의 갈채를 받았다. 하지만 그녀가 분장실에 상주하는 최면술사의 도움을 받지 않고 자기 배역을 제대로 연기할 수 있게 된 것은 그로부터 한참 뒤였다. (이 여성의 경우 나중에는 '최면 후 암시' 현상이 나타나기 시작했으며, 이것은 유명한 에밀 쿠에(1857~1926)가 활동한 낭시 자기요법 학교가 설립되는 계기가 됐다.)

마이어스는 이 여배우의 놀라운 예를 인용하면서, 실패에서 벗어나기를 갈망하는 모든 사람들에게 엄청난 가치가 있는 이론을 언급했다. 그는 최면에 걸리면, 새로운 활동을 시작할 때 우리가 흔히 보이는 소극성과 소심함이 완전히 사라지고, 분명하고 자신 있게 행동하게 된다는 점을 지적했다.

최면 암시를 이용해 소심함을 제거하는 기법, 즉 모베즈 옹트(mauvaise honte)는 사실상 기억을 정화하여 과거의 실패가 생각나는 것을 막고 지금 당장 필요한 능력을 자유롭게 하는 것이다.

—『인간의 성격』(137쪽)

여기에 해결의 실마리가 있다. 진정 인생의 행로를 성공 쪽으로 잡은 사람에게는 이보다 더 뜻깊은 의미를 담은 문장도 없으리라.

사람은 '시행착오'(행동주의 심리학자 에드워드 리 손다이크가 『동물의 지능』(1898년)에서 제시한 학습 이론. 옮긴이)를 통해 배운다는 말이 일상어가 된 지 오래다. 우리는 어떤 일련의 행동으로 의도했던 결과를 얻을 수 없다는 것을 깨달음으로써 학습을 한다. 그리고 한 번 더 혹은 여러 번 더 시도한 끝에 효과적인 절차를 찾아낸다.

이것이 '시행착오'라는 학습 방법에 관해 우리가 마음속에 그리는 그림이다. 이 그림은 대체로 맞는 편이지만, 학습 과정에서 우리의 무의식이 절대 잊지 않는(우리는 일부러 마음을 쓰지 않지만) 한 가지 요소를 부각시키지 못했다. 바로

'고통'이라는 요소다. 우리는 한 번의 성공이 그에 앞서 행해진 시도들 덕분이며, 그 성공으로 과거의 숱한 실패를 지울 수 있다고 믿는다. 실패로 끝난 과거의 시도들이 우리의 장래 행동에 얼마나 중요한가는 고려하지 않는 것이다. 하지만 우리가 마침내 성공한 것이 사실이라 하더라도 그러기 전까지 우리는 실패와 비웃음과 극심한 고통과 엄청난 굴욕을 경험하게 된다. 우리의 기억에는 궁극적인 성공의 기억만 남는 것이 결코 아니며, 성공했다고 해서 그간의 실패와 고통이 무의식 속에서 흐려지지도 않는다.

무의식은 고통과 모욕과 피로를 두려워한다. 우리의 무의식은 긍정적인 즐거움을 얻으려 하기보다는 고통을 피하기 위해 끊임없는 노력을 기울인다. 그래서 고통이 따를 수도 있다는 순전히 가능성일 뿐인(실제로는 겪지도 않을 것이지만) 일을 받아들이기보다, 긍정적 행위가 유리할 바로 그 순간에 우리를 굼뜨고 무력하게 만드는 어떤 사실을 받아들이는 것이다.

새로운 상처를 입을 위험을 감수하기는 고사하고, 과거에 겪은 실패의 기억조차 되살리고 싶지 않은 무의식 때문에, 우리는 아무것도 하지 않거나, 좀 더 쉬운 방법을 시도

하거나, 모종의 성공 프로그램을 시작하고도 전에 상처받았던 대목이 가까워지면 어떤 핑계를 대서든지 황급히 물러난다. 일을 끝내지 못하고, 보상도 받지 못한 채로 말이다. 유치한 무의식은 승리를 거둔다. 최소한 이미 다쳤던 곳을 또 다치진 않은 셈이다.

물론 이것은 완전히 비논리적인 행위다. 사소한 불편을 피하기 위해 장래 우리에게 더 큰 상처를 줄 엄청난 실패를 불러들이고, 두 번 다시 찾아오지 않을 기회를 계속해서 놓치며, 우리 힘으로는 피할 수 없는 훨씬 큰 고통을 자초하는 꼴이기 때문이다. 그래도 최소한 과거에 겪었던 굴욕의 기억을 잠재우거나, 잠시 억눌러 둘 수는 있다.

이것이 사실이라면(약간의 자기 분석만으로도 이것이 사실임을 입증할 수 있다) 최면술사를 대동하고 다니며 필요할 때마다 주문을 걸어 달라고 할 수 있다면 얼마나 편리할까! 자기만의 스벤갈리(심리조종사)가 있다면 얼마나 좋을까! 하지만 이것은 물론 불가능하며, 무엇보다 바람직하지 않은 일이다.

다행히도 우리는 자기 일을 하기 위해 다른 사람의 손아귀에 놓일 필요가 전혀 없다. 해결책은 훨씬 간단하다. 타성과 좌절의 주문을 깨고 나오려면 바로 이렇게 하라.

절대 실패하지 않을 것**처럼** '행동'하라(Act **as if** it were impossible to fail. 즉 의지와 자신감을 갖고 '실패에서 완전히 벗어난 사람**처럼** 행동하라' 또는 '예정된 성공을 향해 가는 사람**처럼** 행동하라'는 의미다. 오늘날 이 표현은 영어 사전에 흔한 예문이면서 자기계발과 비즈니스 분야에서 세계적으로 유명한 금언이기도 하다. 독일의 빌헬름 분트와 함께 근대 심리학의 창시자로 역사상 '의식의 흐름'이라는 용어를 처음 사용한 윌리엄 제임스는 1880년대에 삶에 관한 '에즈 이프 원리' (**As If** principle)를 처음으로 발견해서 가르쳤다. 이 책의 저자에게 깨달음을 준 마이어스로부터 지대한 영향을 받은 그가 저작과 강의 속에서 말한 '에즈 이프 원리'는 다음과 같다. "어떤 특성을 원한다면 그 특성을 이미 지닌 것**처럼** 행동하라"(If you want a quality, act **as if** you already had it). 이 원리는 처음부터 윌리엄 제임스가 '에즈 이프 원리'라고 부른 것은 아니며 최근의 학자와 저술가들이 개념화한 것이다. 이 책에서 말하는 성공의 비법인 '에즈 이프 법칙'은 저자가 마이어스와 제임스의 영향을 동시에 받아 선구적으로 정립한 것으로 보인다. 학문적으로 볼 때 제임스의 '에즈 이프 원리'는 1970년대에 심리학자 제임스 레어드가 처음 실험으로 증명했다. 최근인 2012년 6월에는 영국 허트퍼드셔 대학교의 저명한 심리학 교수인 리처드 와이즈먼이 《가디언》에 기고한

숲 속에 두 갈래의 길이 나 있었는데,
나는 인적이 드문 길을 택했고,
그로 인해 모든 것이 달라졌다.
로버트 프로스트

미시건 주 세인트클레어 카운티에 있는 가로수 길. 1910년대

글에서 자기계발을 하려면 "긍정적인 생각보다 긍정적인 행동을 하려고 노력하라"고 역설하며 제임스의 '에즈 이프 원리'를 상세히 소개했으며, 2013년에 *The As If Principle*이라는 저서도 출간했다. 옮긴이).

이 '에즈 이프 법칙'이야말로 우리를 실패에서 성공으로 돌려세우는 비법이자 공식이자 (뒤로 돌아!) 명령이다.

마음껏 상상력을 발휘해서 모든 불신과 소심함, 그리고 생전에 미처 생각지도 못한 우스운 꼴이 되지나 않을까 하는 두려움일랑 모두 지워 버려라. 만약 필연적으로 예정된 성공을 향해 가고 있음을 안다면 어떤 마음가짐을 가졌을 것인지 상상력으로 포착할 수 있다면 이내 생기와 활력이 어머어마하게 밀려들 것이다.

그러면 우리의 마음은 크나큰 안도의 한숨을 쉬게 될 것이고, 자유로워짐에 감사하게 될 것이며, 한껏 기지개를 켜게 될 것이다. 이제 세상에 진정한 마법의 힘이 있다는 느낌을 가져도 좋다. 이제 우리의 능력은 평소보다 훨씬 더 커질 것이다.

이로 인해 오랫동안 막혀 있던 흐름이 터진다. 마침내 올바른 길을 찾은 이 흐름은 거부할 수 없이 밀어닥치며 시시각각 힘을 더해간다. 너무 금방 효과를 발휘한 이 주문이

금세 힘을 잃지는 않을지 처음엔 불안할 수도 있다. 하지만 그런 일은 없을 것이다. 왜냐하면 이것은 주문이 아니기 때문이다. 이것은 시작한 일을 언제나 성공으로 이끄는 방법을 되새겨 줄 뿐이다. 이것을 잘 기억해 둔다면, 우리의 성공적인 활동은 중단되기는커녕 일사천리로 이어지면서, 그때마다 또다른 활동의 성공을 기약할 것이다. 우리는 너무 많은 가능성들이 무한히 확장되는 것을 보고 당황할지도 모르지만, 결국 새로운 삶을 체계화하는 법을 습득하게 될 것이다.

두려움과 불안, 초조는 이제 단순히 부정적인 것에 그치지 않을 것이다. 우리가 이들을 중요한 것처럼 여김으로써 이들은 실제로 중요한 위치를 갖게 됐다. 이들은 우리에게 기생하여 성장하고 존재하면서 우리 내면에 있는 활기찬 것들을 모조리 희생시켰다. 우리가 이들에게 기를 빨아먹히는 한, 성장으로 가야 할 양분은 괴물을 키우는 데 사용되고, 우리 가슴에는 특별하고 창의적인 요소가 아닌 마음의 기형아와 사생아가 자라게 된다.

별안간 놀라운 힘이 솟아날 수는 없다. 두려움에 사로잡혀 좌절하는 일만 없어져도, 에너지가 없어 인식조차 못했던 재능을 사용할 수 있다. 우리는 지금까지 생각지도 못했던 능력이 자신에게 있었음을 발견하고, 지금 막 그 능력을 부여받은 듯한 기분을 느낄 수 있다. 적절한 상황이 주어질 경우 이 능력들이 발현되는 속도는 놀라울 정도로 빠르다. 우리는 훨씬 더 큰 즐거움을 맛볼 수 있다.

그러고 나면 우리는 과거의 자신과 달리 지칠 줄 모르고 나아가는 경험을 하게 된다. 이 법칙을 사용한 뒤로 우리가 일한 시간을 실제로 기록해서 보여 준다면, 경험하지 못한 사람들은 믿지 못할 것이다. 이 시간 동안은 우울 반응도 오지 않는다. 지나간 시련과 아쉽게 놓쳐 버린 기회들을 돌이켜보려는 충동 때문에 미래로 이어지는 길을 탐구할 수 없었던 과거와 달리, 이제는 할 일이 너무 많고, 그것이 너무나 분명하게 보이기 때문에 우울 따위를 느낄 여지가 없는 것이다. 일단 보람도 없고 쓸모도 없는 일일랑 그만두어라. 그러면 방황하기 전의 위치로 돌아갈 수 있다.

하는 일마다 성공을 거두면서도, 너무나 쉽게 이루어 낸 작업이나 운 좋게 거둔 탁월한 실적들을 흐뭇하게 곱씹는 데 시간과 기운을 허비하지 않으려면(전보다는 훨씬 행복한 일이지만 이것 역시 낭비임이 분명하다) 약간의 자기 학습이 필요하다. 그래도 며칠간 수확의 기쁨을 만끽하는 것은 괜찮다. 또 그 뒤로도 변함없이 활기차고 즐거운 마음으로 또다른 활동을 준비한다면, 새로운 체제에서의 첫 번째 성공이 마지막이 되어 버릴 위험은 없다.

만일 이쯤에서 의혹의 눈길을 보내고 싶다면, 다시 말해 이런 성공이 자기기만이 아닌가 하는 느낌이 든다면, 그것은 잘못된 생각이다. 우리는 누구나 일상에서 실용주의자이자 경험주의자다. 즉 우리에게 '효과가 있는' 것만이 실제적 진실이고, 장래 활동의 기본이 되는 것이다. 하버드 대학교의 심리학 및 철학 교수인 윌리엄 제임스(1842~1910)는 『프래그머티즘』(1907)에서 이렇게 말했다.

"우리의 생각은 실현을 위한 매개체 역할을 성공적으로 수행하는 만큼 진실이 된다".

또 『심리학과 관련해 교사들에게, 그리고 몇 가지 삶의 이상과 관련해 학생들에게』(1899)에서는 다음과 같이 말했다.

"행동은 감정을 따르는 것처럼 보인다. 하지만 사실 행동과 감정은 상호작용한다. 따라서 의지의 직접적인 통제하에 있는 행동을 조절하면 우리는 의지의 직접적인 통제하에 있지 않은 감정을 간접적으로 조절할 수 있다. 고로 유쾌함을 무의식적으로 느끼지 못할 경우, 유쾌함을 임의로 일으키려면 유쾌하게 일어서서 유쾌하게 주위를 둘러보고 마치 유쾌함이 이미 거기에 있는 것**처럼** 행동하고 말하면 된다. 이런 행동을 해도 금방 유쾌해지지 않는다면 사실 다른 방법이 없다. 마찬가지로 용감해지고 싶은 경우에는 이미 용감한 것**처럼** 행동하고 모든 의지를 이용해 그런 행동을 계속하면 나중에는 용기가 두려움을 대신하게 된다. 아울러 지금껏 적대해 온 누군가에게 호감을 느끼려면, 유일한 방법은 다소간 일부러 미소를 보이고 공감을 불러일으키는 질문을 하고 따뜻한 말을 건네려고 노력하는 것이다. 스스럼없이 함께 웃다 보면 서로 적대적인 악감정에 시달렸던 상대가 이심전심의 관계가 된다. 악감정에 시달리면 정신이 온통 거기에 쏠려 나중에는 악감정이 마음속에 고착되고 만다. 반면 이미 어느 정도 호감을 가진 것**처럼** 행동하면 해묵은 악감정이 꼬리를 내리고 조용히 사라진다."

독일의 철학자 한스 파이잉거(1852~1933)는 그의 책 『알스 오프의 철학(Die Philosophie des Als Ob)』(1911, 'Als Ob'는 영어로 **As If**를 의미함. 옮긴이)에서 이런 개념을 더욱 완전하고 설득력 있게 전개했다. 모든 사람들이 그의 이론에 절대적으로 동의하는 것은 아니지만, 대부분의 인생 문제에 있어 우리 각자는 이런저런 사실을 당연하고 자명한 진실**처럼** 믿어야 한다는 점만큼은 분명하다.

윌리엄 제임스는 대표작인 『심리학의 원리』(1890)에서 이렇게 말했다.

"그런 즉흥적인 믿음은 사실상 의지로 달성되기에 미흡하다. 하지만 점진적으로 우리가 의지를 발휘하면 한 가지 단순한 방법을 통해 같은 결과를 얻을 수 있다. 우리는 불신의 대상이 마치 실재하는 것**처럼** 당당하게 '행동'할 필요가 있다. 그리고 그것이 실재하는 것**처럼** 계속 '행동'하면 결국에는 우리의 삶과 밀접한 관계를 맺음으로써 정말 실재하게 된다. 그것이 습관 및 감정과 단단히 결합하기 때문에 그것에 대한 우리의 관심이 믿음에 상응하는 것들이 되는 것이다."

만일 우리가 실제 일 처리의 근거가 되는 개념들을 놓고 그 현실성이나 효율성 혹은 가능성을 일일이 증명하려 든다면 막상 행동할 시간은 남지 않을 것이다.

그래서 우리는 대체로 권위 있는 사람들이 제시하는 행동의 전제를 받아들이고, 특별한 의구심이 들지 않는 이상 그것을 기정사실화한다. 그러다가 추후에 이를 재검토하고 스승들과 다른 결론을 이끌어 낼 때도 있지만, 대부분의 경우 사람들은 행동 규범이나 가치 기준이 실리적이기만 하다면 그것이 영속적이고 어디에서나 유효한 것**처럼** 행한다.

우리가 일상에서 무력하고 일에서 비생산적이라면, 우리는 그만큼 '실패에의 의지'를 가진 것**처럼** 행동하고 있는 것이다. 이런 태도를 완전히 뒤집어라. '에즈 이프 법칙'을 활기차고 명확하게 실행하면서 성취를 향해 나아가 자신에게 성공을 안길 수 있도록 의식적으로 마음을 다잡아라.

랠프 월도 에머슨은 『수상록』(1841)에서 이렇게 말했다.

"자연의 순리란 무릇 이러하다. 뜻한 바를 행하라, 그러면 힘을 갖게 될 것이다. 행하지 않는 자는 아무 힘도 갖지 못한다."

에밀 쿠에

Chapter 6

성공을 위한 첫걸음

날마다 모든 면에서
나는 점점 좋아지고 있다.
에밀 쿠에

마음가짐을 바꾸면
삶이 다르게 보일 뿐만 아니라
삶 자체가 달라진다.
캐서린 맨스필드

상상력이 뛰어난 사람이라면 "절대 실패하지 않을 것처럼 행동하라"는 문장만으로도 이미 실행에 나섰을지 모른다. 상상력이 뛰어나지 못한 사람이나, 실패로 인해 단단히 상처받아 본 사람이라면 효과적인 실행에 나서기가 조금은 어려울 수 있지만, 그럴 필요가 없다.

좀 더 차근차근 설명하자면 다음과 같다.

자기 능력에 대한 의심과 과거의 상처에 포위된 지금의 위치에서 다시 시작하지 말고, 아니 정확히 말하자면 다시 시작하려 하거나 앞으로 시작하겠다고 다짐하거나, 혹은 내일이나 모레 시작하겠다고 자신을 속이지 말고, 우선 여유 있게 자신의 마음가짐을 '다져라'. 앞으로 바로 그 정신적 여건 속에서 일하게 될 것이기 때문이다.

만약 중요한 약속이 있다면 흐트러진 모습으로 씻지도 않고 낡은 옷차림으로 허둥지둥 나가지는 않을 것이다. 될 수 있으면 말끔하게 보이려고 애쓸 것이다. 남녀를 막론하고 누구나 머리를 빗고, 옷을 깨끗이 하고, 자신의 장점은 돋보이게 하고 결점은 감추거나 손볼 것이다. 그리고 약속 장소에 나가면, 이렇게 한껏 가꾼 모습이 평소의 모습인 것처럼 행동할 것이다.

자, 이제 우리는 약속 장소에 나갈 마음의 준비를 하는 것이다. 그것은 미래의 성공한 자신과의 약속이다. 이 약속에서 결실을 거두려면 어떤 마음의 틀을 준비해야 할까?

먼저 스스로에게 모델을 제시하라. 사람에겐 누구나 성공을 맛본 경험이 있다. 그것이 아무리 사소한 것이라 해도. 기억을 더듬어 보라. 유치해도 괜찮고, 학창 시절의 일이어도 상관없다. 자신이 희망하는 직업에서 성공한 경험일 필요는 전혀 없다. 우리에게 필요한 것은 그 성공의 순간에 가졌던 마음가짐이다. 그러나 조심하라. 도가 지나쳐서는 안 된다. 성공 뒤에 찾아오는 우쭐한 감정에 먼저 빠져들지 마

라. 우리의 가슴을 가득 채웠던 확고한 자신감을 되살려라. 그것은 주어진 질문에 대한 답을 알고 있던 때라든가, 자신이 어떤 일을 할 수 있다는 사실 또는 계획된 일을 해낼 능력이 있다는 사실을 깨달았을 때 우리가 느꼈던 감정이다.

그 순간의 주변 환경 하나하나를 가급적 또렷하게 되살려 보라. 그리고 상상력을 발휘하여 그 성공의 과정을 지금 당면한 작업에 옮겨 놓아 보라. 현재 하는 일의 모든 것이 과거 성공하던 때처럼 술술 풀릴 것이라는 확신이 든다면, 그래서 지금 하려는 일이 시작하는 순간부터 마지막까지 잘될 것임을 믿는다면, 어떤 기분이 들고, 어떻게 행동하게 되고, 일을 시작하는 마음가짐은 어떠할까? 거기에 신경을 집중하라. 그것이 앞으로 우리가 일을 할 때 정신적 틀이 될 것이다. 그 느낌을 살릴 수 있을 때까지는 일을 시작하지 마라. 가급적 빨리 그 느낌을 살리도록 노력하라.

그 기분을 찾아내면 놓치지 말고 꽉 붙잡아라. 마치 명령이 떨어지기를 기다린 듯이. 그러면 어느 순간 확 터져 나오는 에너지를 느낄 것이다. 그것은 바로 자신이 내리는 작업 지시다. 이제 일을 시작해도 좋다. 이제는 억지로 일할 필요가 없다. 자신의 에너지가 알아서 일을 추진할 것이기 때문이다.

기존의 우리는 앞을 가로막는 무력감을 몰아내느라 불필요한 수고를 기울여 왔다. 그러다 보니 일을 시작하지도 못했고, 목표를 찾아 안개 속을 헤맸으며, 자신을 괴롭히는 의심과 근심, 실패의 기억들을 몰아내기 위해 자꾸만 멈춰 서야 했다. 일을 시작하기 전에 먼저 이 모든 것들을 제거하라. 방법은 간단하다. 실패할 가능성 따위일랑 생각지도 않으면 된다.

다음으로, 진정한 피로감이 확실히 느껴질 때까지 일하라. 진정한 피로감이어야 한다. 초기에 주의력이 느슨해지는 것은 정신이 다른 데 팔린 틈을 타서 다시 기어 들어오려는 낡은 마음가짐에 불과하다. 이때는 잠시 일을 멈추고 자신에게 이렇게 말하라.

"안 돼. 이게 아니잖아!"

그리고 그런 충동을 완전히 없앤 뒤 다시 일을 계속하라. 지금 할 수 있는 일은 다 했다고 몸과 마음이 솔직하게 항의해 올 때, 비로소 일을 멈추고 잠시 휴식을 취하라. 직장에 나가서 일할 경우 낡은 마음가짐이 다시 돌아올 것 같다든가, 새로운 방식으로 원활히 일하기 위해 시간을 두고 교육자는 학생의 잠재력을 믿어야 한다.
고로 교육자는 자신의 모든 역량을
학생이 자기 잠재력을 경험하도록 하는 데 바쳐야 한다.

알프레트 아들러

자신 있게 거뜬히 장대를 뛰어넘고 있는 고등학생. 워싱턴 D.C., 1923년

직장 동료의 태도를 바꿔야 한다면, 잠시 혼자 물러나 있어라. 그렇게 혼자 있다가 자신 있는 마음가짐을 되찾고 나서 동료들에게로 돌아가라.

그러다 휴식의 시간이 오면 진정한 기분 전환의 즐거움을 만끽할 수 있을 것이다.

자신에게 부당할 정도로 관대한 것은 경계할 필요가 있지만, 과거에 심한 마음의 상처를 입은 사람이라면 이 시스템을 매일 잠깐씩만, 그것도 필요성이 그다지 절실하지 않은 경우에 시도해 볼 수 있다. 대부분의 교육자들이 동의하듯, 아이들이 자신 있고 당당하게 행동하면서 학습 과정을 쉽게 받아들일 수 있도록 하는 최선의 방법은 미숙한 능력으로도 충분히 성취할 수 있는 작은 과제들을 맡기는 것이다. 교육개혁가 도로시 캔필드 피셔(1879~1958)는 학부모와 교사들을 위해 집필한 작은 책자 『자립』(1916)에서 이렇게 말했다.

"어른이 되어 성공하느냐 실패하느냐는 대체로 꿈을 실현시키는 수단인 원기(에너지), 용기, 자립심에 달려 있다."

사업을 할 때의 자신감은 과거의 성공을 기억하는 데서 나오게 마련이다. 윌리엄 어니스트 호킹 교수는 『인간의 본

성과 그것의 개조』에서 이렇게 말했다.

"교육이란 정체된 사람에게 문제 해결하는 방법을 가르치고 성공을 경험하게 하는 것이다. 무엇보다 아름다운 기적은 자포자기한 아이를 작은 성공으로 인도하는 것이다. 아이에게 주어지는 대부분의 문제 속에는, 성공은 쉽고도 눈에 보이는 것이라는 원칙이 단순한 형태로 구현돼 있다. 문제의 난이도를 점차 높여 주면, 계속해서 커지는 성공의 흥분도 쌓이며, 처음엔 작았던 의지도 어느새 과거의 장애물을 훌쩍 뛰어넘게 된다."

따라서 우리의 경우, 자신감을 상실했을 때는 어떤 이유로 충족되지 못했던 작은 욕구를 찾아내야 한다. 살다 보면 누구나 이런 일이 종종 생기게 마련이다. 성공을 향한 이런 노력에서 필요한 것은 꿈의 영역에 있던 욕구를 현실의 영역으로 끌어내거나, 완전하지 못해서 성과를 내지 못했던 절차를 바로잡는 것뿐이다.

소설가 해리 리언 윌슨(1867~1939)이 쓴 불후의 명작 『벙커 빈』(1913)을 기억하는가? 사기꾼 주술사에게서 자신이 전생에 파라오였다는 말을 들은 뒤 그의 인생이 어떻게 바뀌었던가? 그는 빠르게 승승장구했다. 성공에 성공이 꼬리를 물었고, 그 후로도 성공이 줄을 이었다. 결국 나중에 속았음을 깨달아 자신이 람세스의 화신도 아니고 자신이 구입한 미라의 나무관이 고대 이집트의 유물이 아니라는 것도 알았지만, 그는 이미 성공의 기술을 터득한 탓에 과거의 이름 없는 존재로 돌아갈 수 없었다.

만약 당신에게 삽화가 해럴드 터커 웹스터(1885~1952)의 밀크토스트(웹스터가 신문에 연재한 삽화의 등장인물로, 나중에 소심하고 줏대 없는 사람을 상징하게 됨. 옮긴이)와 비슷한 점이 있다면, 『벙커 빈』을 구해서 다시 읽어 보기 바란다. 절대 시간 낭비가 아니다. 다소 우스운 책이지만 기본적으로 진실을 담고 있기 때문이다.

다음은 자신의 소소한 재능을 계발하여 중요한 일에 자신감을 얻을 수 있었던 사람들의 예다.

그는 뉴욕에서 꽤 성공한 의사였다. 최근에 점토로 모형 만드는 법을 배웠으며, 나아가 도자기에 물감을 칠하고 유약 바르는 것까지 배웠다. 그가 도자기 만들기를 배운 이유는 취미를 통해 성공을 체험하기 위해서였다. 직업이 정신과 의사이다 보니 까다로운 재료를 꾸준히 다룰 필요가

있었다. 한 분야에서 얻는 자신감은 일상의 다른 힘든 작업에까지 전이된다. 뿐만 아니라 몰입할 수 있는 취미를 통해 머릿속을 맑게 하고 주위에서 또다른 인정도 받을 수 있다. 그가 만드는 형태는 언제나 흥미롭고 빼어난 경우가 많았다. 어쩌면 이 남자에겐 원래 상당한 재능이 있었을지 모른다. 그러나 사실 그는 점토로 모형 만드는 것에 전부터 매력을 느끼긴 했지만, 삼십대가 되기 전까지 점토에 손도 대 본 적이 없었다. 그는 보통 사람들이 어느 순간 느끼는 욕구를 포착해서 그것을 즐거움의 원천으로 변환해 자신감을 배가시킨 것뿐이다.

시카고 예술학교의 한 교실에는 쉰 살이 넘어서야 그림을 배우기 시작한 한 사업가의 이름이 붙어 있다. 무명작가였던 그의 작품이 공모전에 출품되어 일등을 차지했던 것이다. 지금 시카고에는 미술을 공부하고 작품 활동을 하는 중년의 사업가들과 전문직 남성들의 모임이 있다.

서른 살의 한 직장 여성은 일찍이 음악을 배울 기회를 갖지 못했지만 꼭 한 번 피아노를 배워 보고 싶었다. 하루는 퇴근길에 거부할 수 없는 충동을 느껴 창문에 "음악 지도"라는 작은 글씨의 광고 문구가 적힌 집으로 들어갔다. 물론 그녀의 성공은 상대적인 것에 불과했다. 그녀에겐 진정 뛰어난 음악가가 되기 위해 필요한 시간도 없었고, 전문 피아니스트가 사용하는 근육을 훈련시킬 조기 교육을 받은 적도 없었다.

하지만 그녀는 자신의 목표에 관한 한 성공을 거두었다. 용기를 낸 그 순간 그녀의 인생 전부가 바뀌었다. 그녀는 연주자들이나 가능한 음악 이해의 즐거움을 느꼈을 뿐만 아니라, 한결 성숙해진 행동으로 매사에 더 큰 자신감을 갖게 됐다. 그녀는 장식이 지나치고 마음만 무거워지는 집을 나와 자기만의 작은 주택을 구했고, 가벼운 마음으로 가끔씩 가족들을 방문했으며, 같은 취향을 지닌 친구들을 사귀었다.

이 세 사람의 경우에서 성공을 위한 적절한 절차가 어떤 것인지 알 수 있다. 꿈을 이루려면 확실한 첫걸음을 내딛어라. 이를테면 여행을 가고 싶지만 한 번도 간 적이 없다고 하자. 이 꿈이 꿈의 영역에서 현실의 영역으로 넘어가기 위해서는 반드시 몇 가지 일들이 행해져야 한다. 그 일들을 행하지 않는다면, 그것은 당신이 이성적 판단보다는 유치한 무의식에 휩쓸려 다니고 있다는 명확한 증거다.

예를 들어 이탈리아에 가고 싶다고 하자. 간단한 이탈리아어를 구사하거나, 이탈리아어 신문을 읽을 줄 알거나, 이탈리아의 역사를 알아둔다면 훨씬 더 그 나라를 즐길 수 있지 않을까? 세상에는 훌륭한 기초 문법책과 기본 회화서, 역사책들이 많이 나와 있다. 그중의 하나를 사서 본다면 더없이 훌륭한 출발이 되지 않을까? 그 외에 필요한 것은 무엇이 있을까?

바로 시간과 돈이다. '시간이 돈이다'라는 흔한 어구는 뒤집어 말해 봐도 틀리지 않는다. 돈은 곧 시간이다. 여행에 쓸 돈이 있다면 시간도 낼 수 있는 것이다. 지금 준비를 시작하라. 이를테면 날마다 동전 몇 개씩을 모으는 것이다. 그러나 여기서 그쳐선 안 된다. 여행에 쓸 돈을 조금이라도 더 벌기 위해 틈틈이 할 수 있는 일이 무엇인지 생각해 보라. 그것이 외출하는 부부의 아이들을 봐 주는 일이라 해도, 그로 인한 보수가 여행이라는 목적에 보탬이 된다면 우리는 성공적인 인생을 향해 나아가고 있는 셈이다.

밀크토스트 씨는 유럽에 한 번도 가본 적이 없지만 종종 유럽에 가는 꿈을 꾼다.

어느 젊고 성실한 편집 기자가 여행을 하고 싶은 마음에 뉴욕에서 발행되는 이탈리아어 신문의 신문사 사무실을 찾아갔다. 그는 신문사의 도움을 받아 자신이 작성한 광고 문구를 이탈리아어로 번역하여 그 신문에 실었다.

"영어로 저널리즘을 배우면서 이탈리아어 교습을 해 줄 사람을 구함."

2년 후 그는 한 소년의 가정교사로 이탈리아에 가게 됐고, 현재는 외교직의 작은 부서에서 비서로 일하고 있다. 늘 꿈꿔 온 직업이지만 경제적으로 여유 없이 살다 보니 이룰 수 없다고 생각했던 일이 이루어진 것이다.

이런 첫걸음이 그저 과거의 백일몽이 좀 더 구체적으로 변한 것에 끝나지 않도록 주의하라. 아무리 멀게 느껴지더라도 자신의 목표를 향해 날마다 조금씩 나아가라. 점토로 모형을 만들고 싶다면 내일 당장 할인점에 들러 점토를 사라. 여행을 하고 싶다면 안내서를 사되, 돈이 없다면 하다못해 가까운 도서관에 가서 사서들의 전문적인 도움이라도 받아라.

처음에는 자신이 뜻한 바를 타인에게 가급적 말하지 마라. 효과가 나타나기 시작한 뒤에 말하라. 너무 일찍 입을 열면, 평소의 일상에서 벗어나는 것을 막으려는 음모가 작용하는 것 같은 느낌을 받게 될지도 모른다. 그 느낌이 아주 틀린 것은 아니다. 몽상과 '실패에의 의지'에 끌려다니는 사람들은 거기서 벗어나는 사람들을 보면 속이 불편하다. 타인의 낯선 행동 속에 자신들을 겨냥한 비판이 숨어 있을 것만 같아 불안하다. 자신들의 무의식이 주도권을 빼앗길지도 모르고, 몽상에 빠질 기회가 사라질지도 모른다는 것을 무의식적으로 깨닫는 것이다. 그래서 무의식은 싸우기 시작한다. 이 싸움의 가장 보편적인 형태는 '공자 왈 맹자 왈' 식의 '문자 쓰기', 즉 '인용'이다. 이들이 인용하는 경구는 언뜻 들으면 현명한 말 같지만, 대개는 현실을 거부하는 사람들이 끌어다 읊어 대는 자기 위안일 뿐이다.

이들은 설교 투로 다음과 같이 말할 것이다.

"하늘이 두 쪽 나도 마음만은 변치 않는다."

뜬금없는 소리다. 이들이 인용하는 이 말의 원뜻은 전혀 다른 것이다. 이들은 또 당신에게 "남의 집 잔디가 더 푸르러 보인다"고 말할 것이다. 자기 집 마당 밖으로 나가 보지도 못했으면서 말이다. 당신의 열정을 침식시키고 자신들의 견해를 뒷받침하려는 이런 미묘한 과정은 쭉 계속될 것이다. 경구가 효과가 없으면 이들은 급기야 시비를 걸어올 것이다.

드디어 껍질 속을 벗어나기로 했다면 우리는 현실과의 유대를 시작한 셈이다. 즉 전보다 좀 더 솔직하고 용기 있는 행동을 통해 얼마나 많은 것을 얻을 수 있는지 알아보기로 약속한 것이다. 처음부터 기운 빠질 일일랑 만들지 말고, 새로운 실행 프로그램에 대한 남들의 위협이나 시비에 시달릴 빌미를 야기하지도 마라. 조금만 있으면 지금 하는 활동의 결과가 나타나 우리의 정당성을 밝혀줄 것이다.

우선 스스로에게 다음과 같은 질문을 던져라.

"정말 절대 실패하지 않는다면, 나는 지금 무엇을 할 것인가? 여행? 점토 모형 제작? 집필? 농사?"

혹은 다른 수만 가지 일 중 하나일 수도 있다.

다른 차원의 꿈이 아니라 현실과 맞물린 일이라면, 첫 걸음을 어떻게 떼야 하는지는 생각으로 쉽게 알 수 있다. 우리는 지금 현실에 몸담고 있다. 자, 첫걸음을 내딛어라. 다음 단계는 무엇인지 자신에게 물어 가며 차근차근 나아가다 보면, 삶 속에 형태를 갖추기 시작하는 야망이 보일 것이다. 그 야망은 독립적인 성장을 시작할 것이고, 굳이 좇지

끈기 있게 하는 일이 쉬워지는 것은 일이 쉬워지기 때문이 아니라
일을 할 수 있는 능력이 향상되기 때문이다.

랠프 월도 에머슨

말이 끄는 썰매 위에 거대한 통나무를 엄청난 높이로 쌓아 올린 벌목꾼들. 미시건 주, 1890년대

않아도 우리를 인도할 것이다. 어느 단계에 이르면 우리는 자신이 이미 해 놓은 일에 탄력을 받아 쉽고 빠르게 순항하게 된다.

"인생에는 한없는 융통성이 있다."

어떤 노령의 정신분석학자가 자기 환자들에게 종종 했던 말이다. 조금 지나친 말 같지만, 일단 행동하고자 마음먹으면 우리 인생이 전보다 훨씬 다루기 쉽고 유연해지는 것은 사실이다.

성공적인 행동에 나서는 방법이 또 하나 있다. 우리는 좀처럼 깨닫지 못하지만, 살면서 누구나 겪는 갈등의 대부분은 거절당하거나 무시당하리라는 지레짐작 때문에 생긴다. 오늘 당신이 사무실에서 만난 직장 동료들이나 가게에서 만난 상인들을 떠올려 보라. 그 사람들에게 어떤 것을 요구하던 때의 말투를 기억해 보라. 선배나 연장자에게 정중하고 예의 있게 말하는 것은 당연하지만, 혹시 자신 없는 태도를 보이지는 않았는가? 상대방이 거절하거나 싫은 기색을 보이거나 무시할 가능성을 미리 염두에 두고 협조를 부탁하지는 않았는가? 요청을 하거나 지시를 내릴 때 어떻게 하는 것이 이상적인지 생각해 보라. 무릇 정중하면서도, 도움을 요청받은 상대가 퉁명스럽고 적대적인 태도를 보이기로 작정하지 않은 이상 절대 거절할 수 없을 그런 태도를 보여야 한다.

이것이 바로 성공의 화법이다. 본인뿐만 아니라 협조하는 사람에게도 이익이 되는 일이라면, 또다른 선택권이 있음을 간접적으로라도 암시하지 마라. 그것은 타인의 시간과 에너지 아니면 자신의 인내심을 낭비하는 일이다. 주의가 분산되지 않으면 평소 걸리던 시간의 절반 만에 일을 끝내고 다음 요구로 빨리 넘어갈 수 있다.

간단명료한 문장을 사용하되 정중하고 상대를 배려하는 어조로 말한다면, 상대방의 기분을 다치는 일 없이 의욕적인 동료로 대할 수 있고, 상대방 역시 비위를 맞춰 줘야 하는 까다로운 부하 직원이 되지 않을 것이다.

특히 여성들은 부하 직원이나 동료들에게 잘못된 말투를 사용하기가 쉽다. 여성이 직장에서 차별받는 원인 중 대부분은 무의식적으로 우아를 잘못 떠는 데서 온다. 자녀들이 무능력하거나 건방지다고 날마다 불평을 늘어놓는 여성들과, 회사에서 겪은 무례한 경우들과 '사내 정치'에 대해 수다스러운 직장 여성들은 알고 보면 자신에게 잘못이 있는 경우가 흔하다. 잘못된 어조와 잘못된 단어를 사용하여 잘못된 태도로 사람들과 접촉하다 보면 불필요한 견해 차이를 자초할 수 있다.

하루를 시작하기 전에 상상력을 발휘하여 그 날을 살펴보라. 오늘 만날 사람이 누구이며 그들을 어떻게 대할 것인가를 생각해 보고, 자신의 어법을 신중하게 다듬어라. 정중하면서도 거절할 수 없는 어조가 될 때까지 그렇게 하다 보면 어느새 항상 성공적인 만남을 가질 수 있게 된다. 그러면 당신의 하루는 훨씬 덜 피로해질 것이며, 남는 에너지로 오랫동안 남몰래 꿈꿔 온 작은 소망들을 하나씩 실현할 수 있을 것이다.

요컨대, 위의 내용은 당신이 바라고 희망하던 중요한 일들을 시작할 용기를 얻기 위한 첫걸음에 불과하다.

조지프 콘래드

Photo from Pacific & Atlantic Photos, 1923

Chapter 7

중요한 세 가지 조언

~

우리는 저마다 꿈꾸는 것처럼 살아간다.

조지프 콘래드

자기애에 빠진 자는 천하무적이다.

벤저민 프랭클린

 더 나아가기 전에, 앞에서 언급한 실행 시스템에서 지양하는 것들에 관해 몇 가지 이야기해 두는 것이 좋겠다.

 첫 번째 조언은 자신에게 성공하라는 최면을 걸지 말라는 것이다. 이 점을 반드시 이해해야 하는 이유는, 많은 사람들이 최면에 기초한 것이라면 뭐든지 두려워하고 겁내기 때문이다(심지어 자기암시까지도). 에밀 쿠에에 의해 널리 알려진 낭시 학교의 연구에는 자기 관리의 훌륭한 단서들이 가득하고, 정신분석가 샤를 보두앵(1893~1963)의 책 『암시와 자기암시』(1920)는 그의 말에 완전히 동의하지 않는 사람들도 읽고 큰 도움을 받을 수 있다. 쿠에의 시스템에 관하여 연구할 가치가 있는 소책자도 몇 권 있다. 하지만 한때 널리 퍼졌던 유행이 퇴색된 데는 다 이유가 있다. 수많은 경고에도 불구하고 자가 치료를 시도했던 많은 사람들이 스스로 제거하려 했던 문제들이 더 심각해지는 결과를 맞고 말았던 것이다.

최면에 관한 책의 어떤 문장이 우리의 성공 법칙을 발견하는 데 유용했던 것은 사실이지만, 그 발견 과정과 최면의 연관성은 딱 거기까지다. 당신은 우선 최소한의 의지를 사용하는 것이 좋다. 새로운 과정을 적용해 보기로 결심할 정도의 의지면 된다. 그 다음, 낭시 학교에서 하듯 상상력에 모든 것을 맡기다 보면 머릿속이 맑고 시원해지며 '유쾌해진다'. 혼란과 방황, 고민, 막연함이 사라지는 것이다.

차이점은 바로 여기에 있다. 지나치게 강한 자기암시에는 몽상이나 우울증처럼 판단력이 현실 감각을 벗어날 수 있는 심각한 위험이 있다. 프랑스어에서 말하는 에그잘테(exaltée)의 상태가 되는 것이다. 이 말에 정확히 상응하는 우리말은 없으나 '과도하게 득의만면하다'는 정도의 뜻이라 할 수 있는데, 이것은 정신적 흥분 상태의 일시적 즐거움이기 때문에 위험하다. 언제나 이런 최고조의 흥분 상태에서 살 수는 없는 노릇이다. 혹 가능하다 해도 현실 세계에서 효율적인 행동을 할 수는 없을 것이다. 효율적인 행동 없이는 성공에 가까이 갈 수 없고 자기기만에 빠지게 된다.

자신 있고 지속적이고 자유로운 행동이야말로 우리에게 필요한 것이다. 그래야만 안전한 즐거움이 시작되기 때문이다. 의심이 사라지면 사고력이 확장되고 자기 활동을 즐기기 시작한다. 만족스러운 행동의 보상도 나타나기 시작한다. 그 다음에는 자기기만이나 최면과는 무관한 의기양양함이 찾아드는데, 이후의 어떤 반응도 이 감정을 무력화시킬 수 없다.

두 번째 조언은 "나는 실패하지 않는다"거나 "나는 매사에 성공한다"는 등의 '확언'을 하지 말라는 것이다. 이런 사고방식은 많은 사람들에게 도움이 되지만, 자신이 따르는 새로운 원칙을 완전히 이해하지 못한 사람들에게는 자기최면과 지나치게 유사하다. '확언'을 이용하는 종교들의 배경이 되는 철학에는 높이 살 만한 점이 많다. 다만 세상의 이원성이나 다양성 뒤에 궁극적인 유일성(유일신)이 있다는

'확언'은 그들에게 불가피한 결론인 것 같다. 그러나 우리는 (행동주의 심리학자들과 철학자들이 모두 동의하듯) 육체와 성격, 실제 세계라는 조건들에 좌우되는 존재다. 따라서 세상의 구조가 일원적이 아니라 적어도 이원적이며 모든 것은 선과 악 사이에 골고루 분포한다고 여길 수밖에 없다.

우리가 '확언'법을 사용하려 하면 대부분의 사람들은 멈칫한다. 이 방법을 써서 통하는 경우는 백의 하나일 뿐이고 나머지 아흔아홉은 우스꽝스러운 꼴이 된다. 일시적으로 통하는 것 같지만 결국은 전보다 악화되는 경우도 있다. 간혹 기질적으로 맞는 사람들이 이 방법을 사용하는 경우라면 상관없다. 그러나 아주 약한 명령조의 말에도 회의적 반응을 보이는 사람들에게는 '확언'이 도움이 되기보다 오히려 짜증을 돋울 것이다.

세 번째 조언은 누군가의 성공에 관해 꾸밈이나 가장, 새빨간 거짓말을 하여 타인에게 감동을 주거나 기를 죽이지 말라는 것이다. 우리가 감동시켜야 할 사람은 바로 우리 자신뿐이다. 적어도 처음에는 그렇다. 그 감동은 노력할 맛이 나는 분위기를 만드는 정도를 넘지 말아야 한다. 다시 한 번 말하건대, 그저 이렇게 하면 된다.

절대 실패하지 않을 것처럼 행동하라!

그리고 무엇보다 성공에 대한 환상에 빠지지 않는 것이 좋다. 이 환상은 전보다 더 구체적이고 정황에 맞는 것처럼 느껴지겠지만 그래도 과거의 몽상과 비슷한 특징을 가진다. 이런 경우 상상력의 사용법은 좀 다르며, 나중에 더 자세히 살펴볼 필요가 있다.

프로이트가 현대 사상에 기여하기 오래전, 15세기 이탈리아의 인문학자이며 플라톤주의 철학자인 조반니 프란체스코 피코 델라 미란돌라(1470~1533)는 『상상력에 관하여』(1501)라는 제목의 논문에서 두 가지 몽상을 구별했다. 하나는 퇴행적이고 역행적이며 사람의 일을 방해하고 무책임과 정신적 유아기를 늘린다. 다른 하나는 진정한 상상력으로, 성공한 사람에게서 발견된다.

윤리학자 조제프 주베르(1754~1824)는 그의 수상록에서 전자에 속하는 몽상에 상상이라는 좋은 이름을 붙이기를 거부하면서 일반적 '구분법'을 몇 쪽에 걸쳐 분명히 규정했다. 그는 다음과 같이 말했다.

"동물적 능력인 몽상은 지적인 상상과 전혀 다르다. 전자는 수동적이지만 후자는 적극적이고 창조적이다."

우리에게 지금 필요한 것은 바로 후자인 창조적 상상이다. 이 사실만 분명히 기억해 두면, 전혀 다른 세상을 꿈꾸며 인생을 낭비하는 과거의 나쁜 습관에 또다시 젖어들 위험은 없을 것이다. "성공은 탁월한 심신 상태와 능력 그리고 용기에 달려 있다"고 한 에머슨의 말을 다시 한 번 기억하라. 이 개념은 머릿속에 단단히 새겨 두어야 한다. 몽상에 빠져 있는지, 올바른 상상을 하고 있는지를 구분하는 기준은 정신 활동에 행동이 뒤따르는가의 여부이다. 잘못을 바로잡고 불만스러운 습관을 좋은 습관으로 바꾸는 데 보내는 시간보다 과거를 돌아보는 데 보내는 시간이 더 많다면, 그런 정신 활동은 손해다. 더욱 충만한 삶을 이끌고 싶다면 그런 정신 활동을 계속해선 안 된다.

일할 시간을 미리 정하라. 그 시간이 되면 먼저 머릿속을 맑고 자유롭게 하는 일부터 하라. 이로써 기분 좋고, 자신감 넘치고, 고요한 상태가 된다면 당신은 제대로 일을 시작할 준비가 된 것이다. 일할 시간의 첫 부분은 바로 불필요한 것들을 제거하는 데 써야 한다. 쓸데없는 것들을 제거하라. 그런 다음 행동을 개시하라.

알프레트 아들러
Photo by Johan Hagemeyer, 1929

Chapter 8

스스로 할 것인가, 의지할 것인가

실수를 두려워하지 마라.
사는 법을 배우는 데는 다른 방법이 없기 때문이다.

알프레트 아들러

우리 삶에서 가장 필요한 것은
자신이 할 수 있는 일을
스스로 하게 만들어 줄 사람이다.

랠프 월도 에머슨

6장에서 성공 화법에 관해 조언한 바 있다. 사실 나는 말을 엄격하게 아끼는 것이 성공의 선결 조건 중 하나라고 생각한다.

이는 얼토당토아니한 이야기가 아니다. 많은 대화를 나누는 것, 설득력 있게 이야기하는 것, 주변인들과 친근한 관계를 맺고 그 관계를 유지하는 것 등은 효과적인 삶을 위해 대단히 중요하다. 그럼에도 우리는 적절하지 않은 시점에 잘못된 대상을 주제로 너무 많은 이야기를 하는 경우가 허다하다. 다음과 같은 많은 경구에서 볼 수 있듯, 예부터 사람들은 지나친 수다가 위험하다는 것을 알고 있었다.

"웅변은 은이고, 침묵은 금이다."

"빈 수레가 요란하다."

"짖는 개는 물지 않는다."

우리는 혀를 "길들일 수 없는 기관"(「야고보서」 3:5~8)이라고 표현하기도 하며, 험담을 좋아하는 혀는 "입 한가운데에 매달려 나불거린다"고 말한다. 선동가를 일컬어 "떠버리"라 하고, 말 없는 사람을 높이 평가하며, 때로는 간명한 연설의 호소력에 크게 감명 받기도 한다.

이 문제를 지나치게 중요시하지는 않겠으나, 묵언이 권고되는 이유에 관해 한 번쯤은 깊이 생각해 볼 가치가 있다. 위대한 종교들은 저마다 훈련을 통해 말을 자제하는 법을 터득할 수 있는 지혜를 가르친다. 일부 기독교 종파에서는 침묵 준수를 하거나 영원한 묵언을 서약하기도 한다. 훌륭한 신앙 체계인 인도 종교에서는 수행 기간 내내 대화를 자제할 뿐만 아니라 호흡까지도 통제한다. 이것이 바로 힌두교의 '프라나마야'이다. 라틴어로 '호흡'이라는 단어와 '영혼'이라는 단어는 같은 어근에 단지 남성형과 여성형이라는 점이 다를 뿐이며, 그리스어에서는 두 단어가 동일하다.

늘 조급하게 살아가는 독자들이 주목할 것이 더 있다.

호흡은 우리가 자의적인 조절법을 훈련할 수 있는 몇 안 되는 비자발적 신체 활동 중 하나다. 다시 말해 호흡은 의식과 무의식 영역의 경계선상에 있는 셈이다. 말하거나 침묵하는 것이 뜻대로 되는 사람은 자제력을 갖춘 사람이다.

만약 무의식이 우리를 완전히 통제할 경우, 우리는 말이 가져올 결과를 알고 자발적으로 선택해서 말하는 것이 아니라 어렴풋한 압박감을 덜기 위해 말하게 된다. 그래서 우리는 유머 섞인 어조로 어려운 점을 이야기하고, 그러면서 남의 이목을 의식하게 된다. 혹은 반항적인 태도로 변명을 늘어놓기도 한다. 사소한 불의에 대한 불만을 터뜨리기도 하고, 때로는 자신의 말이 지나친 동정심을 불러일으킨 것을 알고 놀라기도 한다. 게다가 타인이 자신에게 동정과 관용을 베풀고 싶어 한다는 것을 알면서도 그것을 이용해 먹지 않을 만큼 성숙하지 못하기 일쑤여서 더욱 유치해지고 성장을 못 하게 된다.

'실패에의 의지'가 꾸미는 최악의 간계 중 하나는, 그 의지의 희생자들이 불필요한 조언을 구하게 만든다는 것이다. 앞서 말한 바 있지만 조언을 구하는 사람들의 공통적인 실제 동기는(불필요한 조언이라는 점을 다시 한 번 강조한다) 자신이 보호와 사랑을 받고 있다는 사실을 확인하고자 함이다. 더 이상 어린아이가 아님에도 우리는 이런 행동을 한다. 이것은 우리가 실패에 대한 핑곗거리를 미리 만들고 있다는 뜻도 된다. 우리가 타인의 조언에 따른 결과로 성공하지 못했다면, 그것은 우리의 실패가 아니라 조언을 해 준 사람의 실패가 되는 것이다. 명료하지 않은가? 그렇기 때문에 우리는 성공적인 행동에 관한 몽상을 계속할 수 있는 것이다. 처음에 느꼈던 충동을 따랐더라면 실패하지 않았으리라고 생각하면서 말이다.

이런 동기가 있을 수 있기 때문에, 조언을 구하고 싶은 충동을 느낄 때는 항상 깊이 생각해 보는 것이 현명하다. 이 욕구에 미심쩍은 데가 없다면, 순수한 마음으로 도움을 청하기 전에 한 가지만 더 생각해 보라.

"나 스스로 이것을 해결한다면 소모되는 것은 시간뿐인가?"

만약 이 질문의 답이 '그렇다'라면 혼자서 문제를 해결하는 편이 낫다. 결과물의 중요성에 비해 소모되는 시간이 너무 많지만 않다면 말이다.

창조적인 노력가라면, 독자적인 해법을 찾는 데 소요

되는 시간은 낭비라고 보기 어렵다는 점을 명심하라. 성공 사례라고 하면 우리는 폴란드 출신이면서 영어로 작품을 쓰는 데 성공한 소설가 조지프 콘래드(1857~1924)나, 꼽추에다 발달 장애까지 겪어 몸이 왜소하고 불편했지만 전기 분야에서 기적을 일군 천재 찰스 프로티어스 스타인메츠(1865~1923) 등을 생각하곤 한다. 독자적으로 문제를 풀어내기 위해 이들은 얼마나 엄청난 난관을 극복해야 했을까! 하지만 혼자서 행동해야 했던 상황은 그들이 성공할 수 있는 조건이 됐다. 이것을 깨닫고 인정한다 해도 그들이 이룬 성취의 가치는 전혀 떨어지지 않는다.

우리는 대부분 서로를 돕는다. 그렇다 보니 혼자서는 이룬 게 거의 없을 정도로 남의 도움을 받고 산다. 노동의 최종 결과는 일종의 스튜와 같아서 각종 맛과 향, 재능과 기술이 뒤섞여 있기에 대체로 그 성격이 대동소이하다.

여기서 잠시 요즘의 평범한 소설들을 살펴보자. 그리고 아무 잡지나 골라서 거기에 실린 광고의 구성과 문구, 그림을 보자. 또 여러 신문의 삽화를 보자. 우리의 관심을 끌려는 이 많은 작품들이 오직 한 사람 혹은 한 회사의 작품인 것 같은 느낌, 하나같이 어떤 중앙 사무소에서 찍혀 나온 것

같은 느낌을 준다면 지나친 과장일까? 하지만 우리는 소설가 협회나 삽화 출판 중앙 관리국, 전국 광고 협회에서 제작된 듯한 이 작품들을 불만 없이 받아들이면서도, 그중 참신하거나 기발한 느낌을 주는 작품들에만 진짜 찬사를 쏟아붓는다.

그러므로 아무리 고생스럽더라도 독자적인 해법을 만드는 것은 거기에 소요되는 시간과 외로움을 감수할 가치가 있는 것이다. 이 점을 명심하면서 정말 조언을 받아들여야 할 때가 언제인지 생각해 보자.

당신에게 진짜 문제가 있다면, 해법의 첫걸음은 그것을 글로 쓰거나 말로 표현하여 정확하게 구체화하는 것이다. 그래야만 자신을 괴롭히는 것이 무엇인지 명확하게 알 수 있다. 만약 문제를 머릿속에 그냥 내버려 둔다면 실제보다 더 크고 모호한 것처럼 느껴질 것이다.

그러고 나서는 자신을 도와줄 전문가를 찾아라. 친구여도 좋고 낯선 사람이어도 좋다. 다만 자신과 관점이 잘 맞는 사람을 찾기 위해 노력하라. 그런 사람은 당신과 비슷하거나 잘 맞는 심리적 과정을 지녔을 것이기 때문이다. 하지만 이보다 일찍 이 작업을 하는 것은 자신의 시간과 상대방의 배워야 할 수 있는 일들을 우리는 하면서 배운다.

아리스토텔레스

미술 수업을 받고 있는 고등학생들. 워싱턴 D.C., 1921년

시간을 모두 낭비하는 꼴이 된다. 당신이 자기 성찰을 하는 동안 그는 옆에서 구경꾼 노릇을 해야 하기 때문이다.

전문가를 만나는 데 성공했다면, 가능한 짧고 간결하면서도 당신의 요점을 모두 짚을 수 있도록 이야기하라.

그런 다음 명확한 결과가 나타날 때까지 그의 조언을 따르라. 만약 "어, 그건 나한테 효과가 없을 것 같아요"라는 말을 하고 싶어진다면 자신의 동기를 의심해 봐야 한다. 이런 식의 거절은 자신이 이미 다른 어떤 행동을 염두에 두어서, 그것을 따르라는 조언을 듣고 싶어 한다는 이야기가 된다.

다음은 조언이나 가르침에 반응하는 잘못된 태도의 한 예이다. 긍정적인 예보다는 이것이 더 도움이 될 것이다.

미술 수업을 진행하는 교사를 본 적이 있는가? 교사는 어떤 학생의 그림을 보고 같은 수준의 학생들 대부분에게서 나타나는 일반적 흠을 찾아낸 뒤, 다른 학생들을 그 이젤 앞으로 부르기 일쑤다. 그는 그 불완전한 그림을 교재 삼아 비판과 충고와 훈계를 늘어놓고는, 잘못한 부분을 지우개로 지우고 새로운 선을 그리거나 다른 색을 칠하곤 한다.

이때 이 그룹을 관찰해 보면 비극적인 사실을 발견하게 된다. 모든 사람이 득을 보고 있는데, 이 수업에서 가장 많은 것을 얻어야 할 바로 그 학생만은 예외인 것이다. 대개 예시로 제공되는 작품을 그린 학생은 떨고 긴장하고, 때로는 눈물이 맺히며, 분노를 느끼기도 한다. 간단히 말해 개인적으로 창피와 모욕감을 느낀 나머지 유아적인 반응을 보이는 것이다.

당신이 도움을 요청하거나, 교사를 대하는 학생 같은 입장이 된다면, 실수나 잘못 때문에 괴로워하지 말고 잘못을 통해 전진하는 법을 배워라. 올바른 수순으로 돌아가는 길을 안내받고 있는 동안에는 자신의 태도에 개인적인 감정을 섞지 마라.

학교에 다니거나 수업을 듣거나 개인교수를 받는다면, 기회가 날 때마다 잘 생각해서 준비한 질문을 하고, 답변의 정보에 따라 행동하고, 마지막으로(매우 중요한 부분이다) 강사의 조언을 따른 결과로 성공했는지 실패했는지를 그에게 보고하라. 이것은 당신뿐만 아니라 강사에게도, 그리고 장차 그에게 배울 다른 사람들에게도 이득이 될 것이다. 학생들이 이런 식으로 보고해 주지 않으면 강사는 어떤 실행이 효과적인지, 자신에게만 유용한 것은 아닌지 알 길이 없기 때문이다.

만약 당신이 아무 진전을 보지 못했다는 보고를 계속한다면 다음의 둘 중 하나임이 분명하다. 당신이 강사의 말을 제대로 이해하지 못했거나, 아니면 제대로 된 스승을 만나지 못한 것이다.

수련 기간이 끝난 뒤에 자신감이 떨어져서도 안 된다. 실행 과정 중의 사소한 문제에 관해 시시콜콜 도움을 받아야 할 정도로 자기 회의에 빠지지 않도록 노력하라.

내과 의사나 정신과 의사라면 누구에게나, 몇 번이고 계속 찾아와 별것 아닌 질문들을 쏟아붓는 '환자'들이 있다. 이들은 만약 다른 인간관계에서도 이런 식으로 무력하다면 절대 성숙해질 수 없을 것이다. 돌팔이가 아니라면 이런 환자들의 등장을 환영할 수만은 없다. 자신의 실패를 타인의 탓으로 돌리기 위한 구실을 찾는 사람이나, 가능하면 자기 어려움쯤은 스스로 해결할 수 있을 정도로 성장하고 싶지 않은 사람은 인생의 마지막 순간까지 계속해서 남의 조언을 구할 것이다. 상황이 이렇다 보니 아무리 눈치 빠른 상담사라도 질문을 많이 던지지 않는 사람은 심약한 환자로 오판할 법도 하다.

남에게 의존하는 신경성 습관이 자신에게 있는지 판단

하려면 매번 이렇게 자문하라.

"만약 답을 구하기 위해 전문가에게 돈을 지불해야 한다면 내가 과연 이 질문을 할까?"

사람들에게 주목받는 직업을 가진 바쁜 사람들은 개인적으로 만나자는 요청을 자주 받는다. 대개 이들은 수고를 무릅쓰고 성심껏 답해 준다. 재능이 있거나 예민한 초보자들에게 퇴짜를 놓는 위험을 감수하고 싶지 않은 것이다. 하지만 이들은 무자비하게 착취당하고 있다.

가끔 있는 일인데, 저명한 누군가가 어떤 장소에 와서 어떤 종류의 질문에 답하지 않는다면, 그것은 대개 그가 하늘을 찌르는 자존심 때문에 거만을 떨거나, 갈피 못 잡는 사람을 돕고 싶지 않아서가 아니라, 진지하게 질문하는 사람과 습관적으로 남에게 의존하는 사람을 잘 구분할 수 없기 때문이다.

따라서 그는 가치 있는 일을 하기 위해 머뭇거리며 침묵을 택한다. 자기 할 일을 할 준비가 된 사람이라면 지나치게 소극적인 행동이 오히려 일에 방해만 될 것이며 설령 답을 구하지 못한 질문이 있더라도 혼자 힘으로 만족스러운 해법을 찾을 것임을 그는 알고 있기 때문이다.

고로 우리가 자신을 개혁하는 동안에는 수다를 떨거나 불만을 털어놓거나 조언을 구하거나 가르침을 요청하는 모든 행위를 그만두는 것이 좋다. 물론 당신의 궁극적 이상은 어떤 상황에서도 노력할 수 있는 능력을 갖는 것이다. 절친한 친구나 기운을 북돋워 주는 친구가 어려울 때 언제나 동정 어린 얼굴로 당신의 이야기를 들어 줄 수 있으리란 법은 없다. 노력하는 중에 누군가를 찾아가는 습관이 생기고, 만족스러운 수양을 위해 꼭 그래야 한다는 생각을 무의식중에라도 하게 된다면, 당신은 이미 실패의 초석을 깔고 있는 셈이다.

또 분야를 불문하고 창조적 실행을 하는 데 최대한의 시간을 바친다면 나중에 자기 일의 모든 영역, 즉 경험 전체를 통찰할 수 있게 될 것이다. '자기 재능에 대한 감'을 잡게 된다는 이야기다. 그러고 나면 과거에 그토록 많은 문제가 생겼던 것은 자신이 아마추어나 초심자의 입장에 있었기 때문임을 알게 된다. 당시에는 그 분야의 경험이 일천했기에 문제 하나하나가 굉장하게 느껴졌던 것이다.

토머스 에디슨

Photo by Louis Fabian Bachrach, 1922

Chapter 9

창조적 상상을 하라

상상은 마음의 눈이다.

조제프 주베르

새로운 발명을 하려면 풍부한 상상력과
낡은 것들이 있어야 한다.

토머스 에디슨

상상이 생산적인 삶에 기여하는 바에 관해 간간이 이야기했듯이, 최고의 성과를 내기 위해 필요한 이상적인 정신 조건을 만드는 데는 상상의 도움이 있어야 한다. 그러나 상상에는 다른 효용도 엄청나게 많으며, 그 용도가 너무나 다양해서 경우에 따라 각기 다른 기능을 수행하는 것 같은 느낌을 준다.

흔히 우리는 '상상'이란 예술가들에게나 '유용한' 것이지, 사람들의 실제 생활에는 거의 쓸모가 없다고 생각하는 경향이 있다. 상상을 이용한다고 하면 대개는 휴식을 취하거나 부질없는 공상에 잠기거나, 마음의 긴장을 풀고 햇볕이나 쬐는 걸로 생각하기 일쑤다. 그래서 상상에 빠졌다 나오면(대개 '상상'이라는 행위를 '멋대로 생각하기' 정도로 여기기 때문에) 기분 전환이 된 듯한 느낌이 들기도 한다. 아니면 시간을 낭비했거나 사람들과의 만남을 놓쳤거나, 동료와 조력자들보다 뒤처졌음을 깨닫게 된다. 간단히 말해 생각의 일부를 자유롭게 놀게 한 대가로 고생을 한다는 것이다.

그 결과 우리는 상상을 경계하는 눈으로 보게 된다. 상상을 제한하려 하고, 극단적인 경우에는 아예 뿌리를 뽑으려 하기도 한다. 무미건조한 일상에 상상이 엄청난 이익을 가져다준다고 하면 많은 이들은 고개를 갸우뚱할지도 모른다. 하지만 그것은 우리가 상상이라는 기능을 어떤 간섭도 없이 산만해지는 것, 제멋대로의 기준에 따라도 되는 것, 대체로 관리나 통제가 안 되는 것 따위로만 생각하기 때문이다. 상상을 이성과 의지로 제어해 보라. 그러면 관리되고 통제되는 상상은 성숙하고 창조적 상상, 즉 조제프 주베르가 말하는 "정신적 재능"이 된다.

상상이 우리에게 선사하는 많은 이익 중 몇 가지만 생각해 보자. 상상은 우리가 자신에게서 어느 정도 물러서서 감정과 편견을 유보하고 사물을 뚜렷이 볼 수 있게 해 준다.

덕분에 우리는 자신이 손해 보고 있음을 깨닫고, 자신에게 불이익을 야기하는 행동 대신 행복한 결과를 가져오는 행동을 하게 된다.

상상은 반대 세력이나 비협조적인 '조력자'들의 성격을 파악할 때도 쓸 수 있다. 작가가 자신의 책에 등장하는 인물들을 연구하듯 우리도 상상을 통해 그들을 탐색하는 것이다. 그래서 그들의 의도가 무엇인지 알아내고 우리가 그동안 그들을 제대로 대했는지를 파악하면 온갖 잘못을 미연에 방지할 수 있다. 이를테면 예민한 사람을 너무 무뚝뚝하게 대하거나, 기회만 있으면 우리를 이용해 먹으려는 사람에게 지나치게 관대한 태도를 보이게 되는 일이 없어진다.

상상은 우리가 몽상에 빠지거나 불만족스러운 상태에서 체념하게 만들지 않는다. 또 단순한 기분 전환의 수단으로 이용되기보다, 오히려 훌륭한 삶을 살아가는 데 여러 가지로 기여한다. 이성과 손잡고 의지가 내리는 명령에 따라 움직인다면 상상은 우리에게 새로운 노력의 장을 열어줄 수 있고, 피로와 지겨운 일상 속에서 잃어 버렸던 자신만의 신선한 독창성을 일 속에서 되살릴 수도 있다. 심지어 제품을 판매할 새로운 시장을 찾거나 묵혀 두었던 재능을 활용할 방법을 찾게 해 주는 등 우리에게 대단히 실용적인 기능을 발휘하기도 한다.

여기서 이 개념을 좀 더 자세히 살펴보고, 상상을 실제로 활용하는 방법은 나중에 생각해 보도록 하자.

상상을 하면 우리는 소위 '오직 경험을 통해서만' 깨달음을 얻는 사람이 되지 않을 수 있다. 우리가 새로운 활동을 두려워하는 이유는 전에 뭔가를 시도하려다가 느꼈던 고통에 대한 두려움을 극복하지 못했기 때문이다. 그것을 알고 나면 인생을 풀어가기 위한 '시행착오'의 시도 중 일부를 머릿속 상상의 세계에서 진행할 수 있고, 따라서 고통을 겪지 않아도 된다. 상상력을 발휘해 앞을 내다볼 수 있게 되면 큰 잘못이나 비효율인 행위, 에너지 및 시간의 낭비에서도 벗어날 수 있다.

무엇보다 상상을 이용하면 자기 자신과 자신의 일을 다른 관점에서 볼 수 있다.

어린아이들이 자신의 소유물과 행위, 그리고 자기를 돌봐 주는 사람들을 자신과 완전히 동일시한다는 사실은 누구나 알고 있다. 자기 물건을 다른 사람에게 나눠주라고 하면 아이들은 격분한다. 아끼는 장난감이 망가지는 것은 비

아이를 키울 때는 아이의 노년을 생각하라.

조제프 주베르

캠벨 키드 인형을 가지고 노는 아이들. Photo by Lewis Wickes Hine, 1912

극이며, 소풍 가는 날 비라도 내리면 다시는 해가 뜨지 않을 것처럼 절망한다. 잠 자지 않고 깨어 있는 동안 엄마나 보모가 곁에 없으면 아이는 자신이 가차 없이 버림받았다고 느낀다. 사실 유아 교육의 목표는 이 작은 이기주의자들에게 세상과의 좀 더 올바른 관계를 가르치는 데 있다. 우리는 대부분 이것을 알고는 있지만, 완전히 이해하지는 못하고 있다. 생애 최후의 순간까지도 우리에겐 유아적인 이기주의의 흔적이 남아 있는다. 이것은 때로 단순한 흔적 수준을 넘어서기 때문에 다 큰 어른이 유아원 아이처럼 힘들어하고, 화내고, 불평불만을 늘어놓기도 한다.

개인은 다른 사람들과 관계를 맺지 않고는 성공할 수 없다. 따라서 자기 자신을 명확하게 알고 주변 사람들과 조화를 이루는 것은 엄청나게 중요하다. 간혹 우리 모두는 이런 혼잣말을 해야 할 때가 있다.

"나는 이렇다. 내가 하는 일은 이렇다. 내가 이 일을 함으로써 도와주고 기쁘게 해 주고 싶은 사람들은 이런 사람들이다."

상상 덕분에 우리는 뒤로 물러서서 전체적인 시야로 관계를 볼 수 있고, 관계의 여러 부분을 분석할 수 있으며, 우리가 맡은 일의 큰 그림도 볼 수 있다.

유아적인 어른은 자신을 어느 정도 떨어져서 보지 못한다. 자신이 이룬 성과나 대상을 있는 그대로 바라보지 못하고 자존심 때문에 과대평가하거나 부끄러움과 공포 때문에 과소평가하는 등의 왜곡을 한다. 그 결과, 자신의 세계 구조 가운데 어느 부분에 노력을 기울여야 할지 알지 못하며, 친구들이나 낯선 사람들이 하는 이야기에 휩쓸리고 만다. 또 그러면서 당황한다. 아무리 쉬운 말로 이야기하고 올바른 평가를 해 줘도 제대로 알아듣지 못한다. 다른 생각이나 감정을 섞지 않은 채 주의 집중을 할 수가 없기 때문이다. 자신의 희망과 욕구에 강하게 집착하는 바람에 쇠귀에 경 읽기가 된다. 좋은 충고나 건전한 비판을 들어도 도움을 받지 못하며, 오도하는 조언과 전문적이지 못한 비판을 들어도 잘못된 줄을 모른다.

하지만 상상을 이용해 처음에는 자신을, 다음에는 자신이 하고 싶은 일을, 그 다음에는 자신이 마음을 끌고 싶은 상대들을 자세히 살펴보고 나중에 이 요소들 간의 관계를 파악하고 나면 우선 용기를 잃지 않을 수 있고, 또 서로 다른 조언 속에서 마음이 혼란스럽지 않을 수 있으며, 아울러 자신의 성과를 공정하게 평가할 수 있다.

우리가 하는 일을 너무 오래 자신과 동일시하는 것은 커다란 잘못이다. 이 잘못으로 인해 우리는 상처 받고 구속 당하기도 한다. 우리는 아이들과 자신을 동일시한 나머지 아이들이 독립적인 삶을 살 수 없게 만든 부모들의 사례를 익히 들어 왔다. 이미 어른이 된(혹은 청소년기인) 자녀에게 너무나 애착을 가진 나머지 자녀와 함께 시련을 겪고, 자녀가 내릴 결정을 대신 해주고, 자녀 몫의 굴욕을 대신 당하고, 부모가 원하는 인생을 자식이 살아 가지 못할 경우 자기 삶도 제대로 살지 못하고, 자식의 일을 사사건건 간섭하고, 직업 및 사회적 선택을 지시하는 그런 어머니를 모성애와 지혜의 결정체라고 보기는 어렵다.

우리가 언제나 현명하게 행동하는 것은 아니지만, 자녀와 자신을 완전히 동일시하는 것을 칭찬할 일이나 바람직한 일로 여기는 사람은 오늘날 거의 없다. 인생의 가장 근본적 관계에 관한 균형 있는 관점을 그 정도는 깨우친 것이다. 부모로서 우리의 할 일은 아이가 성인이 됐을 때 행복하고 건강하게 살 수 있도록 양육하고, 독립적인 활동을 가로막는 불필요한 장벽을 만들지 않고, 자유로이 친구를 선택

어머니란 기댈 사람이 아니라
기댈 필요가 없도록 만들어주는 사람이다.

도로시 캔필드 피셔

뉴저지 주 파인힐스에 있는 마인브룩 거리를 걷고 있는 엄마와 딸. 1900년

하고 자기 의사 결정을 할 수 있도록 아이를 최대한 내버려 두는 것이다. 나아가 부모든 자녀든 성인이 되면 자기만의 생활권을 가져야 하며, 이런 생활권이 있어야만 서로의 삶을 심하게 침해하는 일이 없다는 것을 우리는 알고 있다.

비록 깊은 애정에서 나온 것이긴 하나 옛날에는 부모가 자식에게 폭압적이고 일방적인 지시를 내렸던 데 반해, 최근에는 부모의 역할이 제대로 인식되는 추세다. 하지만 그렇다고 해서 부모 자식 간의 사랑이 줄어들었다고 믿는 사람은 아무도 없을 것이다.

자녀는 완성된 작품에 비유할 수 있다. 초기에는 세상에 가져다가 소중히 여기고, 자기 분신으로 키우지만, 완전히 자라면 독립적인 정체성을 갖게 해 줘야 한다.

살면서 가급적 많은 것을 얻고자 한다면 한 가지 일에서 다음 일로 넘어가는 시점에 대해 잘 알아야 한다. 매우 생산적인 사람들도 자신의 능력을 온전히 발휘하고 있지 못하다. 우리가 자기 능력의 절반밖에 되지 않는 성과를 내는 이유는 이미 끝낸 일에서 벗어나 다음 일에 에너지를 쏟아붓는 법을 모르기 때문이다. 그러지 말고 시선을 돌려, 최근까지 몰두했던 일의 흥망을 지켜보아야 한다. 이는 어느 정도 불가피한 일이다. 자신이 완료한 일에서 어떤 가치 있는 것을 배울 수 있는 한, 그 일의 과거와 흥망을 알 필요가 있기 때문이다.

그런데 여기에 보통 사람들이 천재들에 대해 알 수 있는 점이 있다. 이디스 워튼(1862~1937)이 말했듯 '탁월한 생산성'은 진정한 재능의 증거다. 인생의 어느 단계에서든 마찬가지다. (레오나르도 다 빈치든 찰스 디킨스든 토머스 에디슨이든) 그들의 진정한 재능은 끊임없이 발현됐다. 다재다능함과 탁월한 생산성은 사람들이 종종 말하듯 평범한 노력가가 보일 수 있는 것이 아니다. 그렇지만 반대로 만약 평범한 사람에게 다재다능함과 탁월한 생산성이 있다면, 그것은 바로 그 분야의 위대한 사람들과의 공통점인 것이다.

우리는 한 가지 일을 하는 데 익숙할뿐더러 그러고 나서 그것이 어떻게 될지 넋 놓고 지켜보는 데도 익숙하기 때문에, 우리와 똑같은 잘못을 저지르지 않는 사람들을 보면 놀라곤 한다. 심지어 우리는 그런 사람들도 무자비하게 '자신을 몰아붙여야만' 어떤 일을 성취할 수 있다고 잘못 생각하기까지 한다. 그러나 그런 생각은 옳지 않다. 평범한 사람

재주꾼은 다른 누구도 맞힐 수 없는 과녁을 맞히고,
천재는 다른 누구도 볼 수 없는 과녁을 맞힌다.

아르투어 쇼펜하우어

사격 연습을 하고 있는 여성 사격팀. 1922년

들이 남의 찬성을 구하고 남의 말에 솔깃하고 어떤 선택이 나을지 망설이는 동안, 그들의 시간과 에너지와 주의력은 끊임없이 앞으로 나아가 새로운 길을 여는 것일 뿐이다.

그렇다고 탁월한 생산성을 보이는 이들이 남들의 진실한 비판에 개의치 않거나 그것을 건성으로 받아넘긴다는 말은 아니다. 이들은 누군가 타당한 조언을 해줄 때는 경청해야 한다는 것을 잘 알고 있다. 진실로 자신과 관련 있는 이야기에 귀를 닫아서는 안 된다는 것을 경험으로 알고 있기 때문이다. 뿐만 아니라 이들은 조언을 들을 때까지 가만히 기다려서는 안 된다는 것도 알고 있다. 그래서 이들은 생각과 노력의 결과가 순리대로 이루어지게 해야 할 시점을 알지 못하는 다른 사람들보다 두 배나 충만하고 만족스러운 삶을 살고 있는 것이다.

상상을 이용하면 우리는 이런 현명한 노력가들이 어떻게 일하는지 이해할 수 있고, 그들을 모방하는 방법을 알아낼 수도 있다.

캐서린 맨스필드

Photo by John Herbert Folker, 1917

Chapter 10

상상으로 통하라

나는 나를 이해하는 것이
곧 다른 사람들을 이해하는 것이기를 바란다.
나는 내가 될 수 있는 모든 것이 되고 싶다.

캐서린 맨스필드

모든 혁명은 처음에 한 사람의 생각이었다.

랠프 월도 에머슨

그러나 만약, 반드시 타인의 승인과 동의를 얻어야만 다음 단계의 일로 넘어갈 수 있다면? 자신의 일이 공동 작업의 일부라면? 물론 이럴 때는 더 복잡하겠지만, 그래도 상상이 도움이 된다. 상상을 이용하면 우리는 특정 결과를 낳는 원인의 고리 중 어디쯤에 우리가 있는지를 알 수 있다. 그러면 자신이 한 일이 평가받는 동안 느긋해질 수 있어서 평가 결과가 나올 때까지 마음의 평정을 유지할 수 있다.

그러나 이것이 힘들다면(이런 경우가 가끔 있기 마련이므로), 다음 두 가지 중 하나를 택하면 된다. 이번에는 동료들과 함께 좋은 작업 기반에 도달할 수 있기를 바라면서 새로운 각

도에서 문제에 접근하거나, 자신의 원래 생각이 옳은 이유를 제시하여 단지 모욕감 때문에 자기 의견을 옹호하는 것이 아님을 보이는 것이다.

이것을 성공리에 수행하는 유일한 방법은, 자신이 하는 일의 각 유형에 알맞은 일련의 기준을 미리 면밀하게 세우는 것뿐이다. 이런 식으로 각 유형의 일을 완료할 경우, 우리는 사실에 맞게 추론하고 기정사실을 옹호하면서 부족했던 부분에 대해서는 눈을 감아 버릴 수도 있다. 바람직하지 않은 방식이다.

그렇다면 여기서 다시 상상을 이용해 보자. 지금 맡으려 하는 일에서 가장 가능성 높은 성공 사례를 눈앞에 그려 본다면 그것은 무엇인가? 또 그와 비슷한 일에서 가장 가능성 높은 성공 사례는 어떤 조건들 덕분에 성공했는가? 그 조건들 중 꼭 필요한 것은 무엇인가? 또 그 성공 사례를 이룬 사람은 어떤 조건을 더 갖추었는가? 이런 분석을 하면서 자신이 사용할 기준들을 생각해 보고, 성공하기 위해 꼭 필요한 기준부터 먼저 적어라. 그 다음에는 가급적 충족되는 편이 좋은 기준들을 적어라. 마지막으로(개인의 성공에는 이것이 가장 중요하다) 자신에게 정말 필요한 기준을 덧붙여라.

그러고 나서는 일을 시작하기 전에 자신의 관점은 잠시 미루고, 앞으로 할 일을 대상의 입장에서, 즉 '최종 소비자' 관점에서 생각해 보라. 이 작업으로 득을 볼 사람은 누구인가? 당신이 창조적인 노력가라면 겨냥하는 대상은 누구인가? 물건을 판다면, 예정 고객은 누구인가? 당신이 그들의 입장이라면 제품에 어떤 특징이 들어 있기를 바랄 것인가? 당신의 성공에 필수적인 사람들의 마음속에 상상력을 발휘하여 들어간다면, 당신의 일을 성공으로 이끌 요소들을 추가하기란 어렵지 않을 것이다.

우리 모두가 잘 알고 있는 진부한 예를 들어보자. 바로 단순한 주방용품이다. 가스레인지와 개수대, 세탁기 등이 오랜 세월 동안 낮은 높이에 설치되어, 이것을 사용하는 여성들이 편치 못한 자세를 취하느라 금세 피곤해져야 했던 이유가 무엇이라고 생각하는가? 특별한 이유는 없다. 그러나 여기서 영감을 얻은 사람들이 물건을 그런 식으로 만들거나 그런 물건을 팔 생각만 하는 데서 그치지 않고 그것을 사용할 사람들의 편의를 생각하는 순간부터 주방 기구의 혁명이 시작됐다. 이런 눈에 띄는 발전은 우리 주변에서 흔히 볼 수 있다. 하나의 확실한 작은 변화를 일으킴으로써 우

신문사 사장 겸 부동산 개발업자인 어니스트 G. 워커의 저택에 있는 구식 주방. 워싱턴 D.C., 1920년

신식 주방에서 저녁 설거지를 하며 즐거워하는 히스 여사와 딸 앤. 코네티컷 주 밴텀, 1942년

리는, 불만족스러워도 대안이 없어 할 수 없이 구매했던 제품이 아니라 기존의 구닥다리 형태를 벗어나 새롭고도 훨씬 편리하고 유용해진 형태의 제품을 만들어 낼 수 있는 것이다.

이런 변화는 자기 일에 상상력을 발휘하는 사람만이 일으킬 수 있다. 그는 제품의 기존 형태를 핵심 요소별로 나눠 분석할 뿐만 아니라, 그것을 사용하는 사람들의 삶까지도 상상으로 들여다볼 줄 안다.

그런데 이상하게도 창조적인 노력가일지라도 정형화가 덜 된 예외적인 고객 욕구를 고려하느라 일의 기준을 확장하지 못하는 경우가 많다. 그의 의도는 어쨌든 다른 사람들에게 어떤 개념이나 심미적 감성을 전달하려는 것일 텐데, 그러지 못하고 있다면 그는 실패한 것이다. 남들을 만족시키지 못하고 있다는 끊임없는 두려움이 일에 나쁜 영향을 주는 것은 사실이다. 또한 남들을 만족시키려고만 하다 보면 당신이 하는 일이 가치 없어지는 것도 사실이다.

그래도 만약 성공이란 남들이 알아주어야 하는 것이라고 생각한다면, 상상력을 많이 발휘할수록 그들에 대해 더 잘 알 수 있을 것이다. 그들의 취향을 이해하여 그들이 원하는 것뿐만 아니라 그들이 비전문가로서 상상할 수 있는 이상의 대단한 것을 제공할 수 있다면, 당신의 성공은 보장된 셈이다.

이런 점들을 모두 고려하여 당신의 일이 지향하는 이상을 최대한 명확하게 구체화했다면, 그것을 실현하기 전에 우선 체계적인 기준 하에서 논리적으로 이끌어 낸 의문점들에 비추어 점검을 해 봐야 한다. 의문점들은 저마다의 작업 방식과 중요시하는 부분에 따라 다르고, 주요 의문점들의 순서 또한 따르겠지만, 완료된 일이나 최종 성과물은 대략 다음과 같은 방식으로 평가되어야 한다.

- 내가 한 일이 해당 분야에서 최고 수준인가?
- 보편적인 용도에 필요한 모든 것을 갖추었는가?
- 나만의 독창적인 작업 방식으로 특별한 가치를 더했는가?
- 합리적인 사용자(혹은 대상이나 고객)들을 위해 최대한 매력적이고 편리하게 만들었는가?
- 성과물에 매력을 느낄 다른 집단이 있는지 고려해 보았는가?
- 성과물이 제 갈 길을 가도록 내 품에서 세상으로 내보내기 전에 더 할 수 있는 일은 없는가?

이 의문점들은 두 가지 관점에서 읽어야 한다. 하나는 상품성과 관련된 입장이고, 다른 하나는 매일의 일에 임하는 마음가짐과 관련된 입장이다.

예술가에게는 또다른 의문점들이 적용되어야 하지만, 근본적으로는 위의 의문점들과 일맥상통한다. 예컨대 뛰어난 시인은 다음과 같은 질문을 자신에게 던질 수 있다.

- 내가 생각한 바를 전달했는가?
- 내가 느낀 바를 전달했는가?

- 명확하게 전달했는가?
- 한껏 뛰어나거나 아름다운가?

　다시 한 번 말하지만, 당신이 집단에 속해서 일한다면 상상은 다른 식으로 도움이 될 것이다. 주변 사람들과의 관계 속에서 자신의 위치를 볼 수 있기 때문이다. 이것을 알고 나면 자신만의 규칙을 만들어 일과에서 오는 짜증과 불만을 없앨 수 있다. 익숙한 방의 모습을 사다리 꼭대기에 서서 내려다볼 때의 즐거움과 깨달음을 맛본 적이 있는가? 혹은 여러 장의 거울로 이루어진 방 안에서 거울들에 비친 자신의 모습을 잠시 남 보듯 객관적으로 본 적이 있는가? 상상 속에서 바로 이런 효과를 느껴 보라. 자신과 동료들을 장기 말처럼 객관적으로 바라본다면, 자신이 하고 있지 않은 일이 무엇인지, 혹은 불완전하게 하고 있는 일이 무엇인지 알아내서 문제를 해결할 수 있다.

　자신은 일에 지쳐 있다고 생각하지만 사실은 해야 할 양보다 적게 일하고 있는 사람이 많다. 따라서 걱정만 하지 말고 상상력을 발휘하여 자신에게 요구되는 것이 무엇인지 알아낸다면 그 일은 쉽게 할 수 있을 것이다. 과도한 업무란 대개 사람들이 의무감이나 강제성 때문에 오지랖 넓게 떠맡는 일이다.

이런 극단적인 예, 즉 강박적으로 일을 떠맡는 사람은 웬만한 규모의 회사에 적어도 하나쯤 있게 마련이다. 그는 요구되는 업무를 다 하지 못하는 사람이나 조직에 불필요한 사람으로 취급당할까 봐 수백 가지 사소한 일들을 맡아 하고, 그 결과 일에 치이면서도 성과는 좋지 않고, 시간은 낭비되며, 원래 일해야 할 사람들은 게으름을 피우며 흥미를 잃고 만다. 만약 이 사람이 긴 안목에서 자기 위치를 바라본다면 실제 직무에서 훨씬 많은 일을 더 잘할 수 있을 것이고, 긴장이나 피로도 덜 느끼게 될 것이다.

피곤해 하거나 짜증을 내지 않고 능력 이상의 성과를 내는 경영자나 관리자들은 종종 독단과 독선을 보이지만, 남들에게 그렇다는 말을 들으면 화를 내며 부인한다. 이들은 분명 자기 삶에 '실패에의 의지'가 작용하게 만들고 있다. 능력 닿는 데까지 정상적인 활동을 넓히는 것은 괜찮지만(이때 우리는 대개 평소보다 많은 성과를 낸다) 그 이상의 일을 맡는 것은 실패를 향한 첫걸음이다.

자신의 역할을 인식했다면 최선을 다해 수행하되, 긴급

한 경우를 제외하고는 도를 넘지 마라. 대기업이나 합자 회사에는 대개 최종 결정을 내리는 사람이 하나다(없다면 있어야 한다). 가끔은 각 동업자가 일의 어떤 부분에 대해 지휘권이나 거부권을 가질 수도 있다. 이런 결성은 흔히 모든 발언권자들의 의견을 검토하거나 제안을 수렴한 뒤에 내려진다. 바로 이 시점에서 모종의 규칙이 필요하다. 즉 그 결정이 당신의 의견이나 제안과 상충한다 하더라도, 일단은 자기 생각일랑 접어두고 전적으로 그 결정에 협조하라. 그것이 정말 심각한 오판이라고 생각된다면, 몇 시간 동안 자신의 관점을 일목요연하게 정리한 뒤, 왜 그 결정이 오판이라고 생각하는지, 다른 새로운 결정을 내리면 상황이 어떻게 달라지는지, 어째서 대안을 채택해야 하는지를 보여라.

하지만 최대한 공정하려고 노력하라. 우리가 대안을 소중히 여기는 단 하나의 이유는 자신이 내놓은 생각이기 때문인 경우가 많다. '발안자의 자존심'이 개입되는 것이다.

자기 의견을 포기하고 다른 의견에 맞춰 일하고 있다고 생각하는 많은 사람들이 사실은 무의식중에 일을 방해하거나 거부하거나 지연시키면서 목적 달성을 막고 있다. 여기서 문제는 방해 행위가 무의식적으로 행해지는 경우가 많다는 것인데, 이런 위험에서 벗어나려면 먼저 그 위험 가능성을 인지하고 나서 자신의 생각과 태도를 세밀하게 점검해야 한다. 새로운 공동 업무에서 자기가 맡은 몫을 더디게 혹은 무관심하게 수행하면서 불필요한 위험을 만들고 있지는 않은지 확인해야 한다. 자신의 계획이 무시당하거나 수정됐다는 이유로 무의식중에 실패를 초래할 수도 있기 때문이다.

반대로 당신이 의사결정권을 쥔 입장이라면, 무의식적 방해 공작이 진행되고 있지 않은지 초기에 잘 살펴야 나중에 일어날 불상사를 막을 수 있다. 감정이 상한 사람들의 의욕을 빨리 돋워 준다면, 실패할 수도 있는 업무 전체를 성공으로 이끌 수 있다. 이런 관찰이 있어야만 모든 구성원들이 자신에게 주어진 일을 제대로 하게 된다. 어떤 업무든 상상력을 발휘해서 초기에 직원이나 동업자의 심정을 조금이라도 헤아려 준다면 장기적으로 지속될지 모르는 혼란의 씨앗을 미연에 제거할 수 있다.

그러나 어쩌면 당신은 정말로 적절하지 못한 역할을 맡을 수도 있다. 예를 들어 당신의 직위는 관리직인데 주어진 일은 사업의 사소한 부분을 계획하는 것이라고 하자. 이럴 경우 관건은, 가급적 부산스럽지 않은 방식으로 상사들에게 자신의 재능을 보여 주는 것이다. 간단명료한 메모를 써서 직속상관에게 제시하라. 아무리 해도 상사의 반응이 없지 않은 이상 계속하라. 단, 어떤 경우에도 그의 힘이 미치지 못하는 데까지 요구해서는 안 된다.

그리고 당신의 직무와 제안에 근거하여 일이 진행될 수 있게 노력하라. 아이디어가 당신에게서 나왔다는 것을 사람들이 금방 알아주지 않아도 괜찮다. 거대 조직에서 이런 일은 흔하며, 그때마다 속상해 하거나 자기 권리를 인정받으려고 한다면 오히려 발전할 기회를 잃게 될 뿐이다. 당신의 아이디어가 반짝 하고 끝나지 않고 계속해서 이어진다면 당신의 능력은 결국 빛을 볼 날이 올 것이다. 그렇지 않다면 이 조직은 당신에게 맞지 않는 것이며, 당신은 가급적 빨리 더 잘 맞는 조직을 찾는 일에 착수해야 한다.

동업 관계, 그중에서도 흔히 볼 수 있는 부부의 동업 관계는 저마다 다르다. 일반적인 규칙은 이것이다. 중요한 균형이 깨질 거라는 확실한 증거가 있지 않은 이상 동업자가 해야 할 역할을 규정하려고 하지 마라. 한쪽이 자기 역할을 완전히 해내면 자연히 다른 한쪽의 보완적 활동이 이루어지게 돼 있다. 어떠한 동업 관계에서든 내가 역할을 다하고 있다고 확신하는데도 고쳐야 할 약점이 존재한다면 먼저 그 문제에 관해 의견을 나누고 원인을 찾아낸 다음, 수정을 하면 된다.

간혹 이것이 안 되는 경우가 있다. 동업자 중 한쪽이 지나치게 예민하거나 둔감해서 대화가 불가능하다는 사실은 그 관계에 있는 사람만이 알 수 있다. 이런 경우 당신이 봐줄 수 있는 범위까지만 상대방의 책임을 덜어주고 그 이상은 하지 마라. 상대가 갑자기 깨달음을 얻거나 뒤늦게 발전할 가능성도 있는데, 당신이 필요 이상의 일을 맡는다면 그런 일이 일어나지 않을 수도 있다.

아울러 자기 몫이 아닌 일을 할 때는 기꺼이 해야지 억지로 해서는 안 된다. 잘 생각해서 일을 맡아야만 나중에 불필요한 희생을 하거나 언짢은 감정을 느낄 여지가 없다.

상상을 이용하여 개인으로서 그리고 집단이나 사회나 동업 관계의 일원으로서 자신의 역할 반경을 정했다면, 당신은 이제 최대의 능력 발휘를 할 수 있게 스스로 배우고 훈련하고 노력할 준비가 된 셈이다.

찰스 디킨스

Photo by Jeremiah Gurney, 1867

Chapter 11

성공을 위한 정신 훈련

시간과 자기 규칙을 잘 지키면서
근면하게 사는 습관을 들이지 않았다면,
그리고 한 번에 한 가지 일에 몰입하지 않았다면,
나는 지금껏 이룬 것들을 이루지 못했을 것이다.

찰스 디킨스

나를 죽이지 못하는 것은
나를 더 강하게 만든다.

프리드리히 니체

우리의 정신을 더욱 '예리'하면서도 '유연'하게 만드는 방법에는 수십 가지가 있다. 정신의 이 두 가지 특성은 성공적인 삶을 살려는 사람들에게 특히 중요하다.

언제나 우리는 무난히 작동하는 기계적 방식을 이용해 최소한의 노력과 의식적인 주의 집중 없이도 자기 일을 완수하고 싶은 유혹에 너무나 쉽게 굴복해 버린다. 우리가 그런 기계적 방식을 통해 절약한 시간을 좋은 목적에 사용한다면 사실 그것이 나쁠 이유는 없다. 하지만 전혀 그러지 않는 것이 냉정한 현실이다. 우리는 인생 전반에 걸쳐 그런 기계적 방식을 따르려는 경향을 보인다. 경직된 습관을 고수

하느라 하루하루를 허비하면서 정신적으로나 영적으로 기력을 잃고 더욱 소심해지며 실험 정신도 잃어 간다.

습관은 우리의 일상 활동 대부분을 지배한다. 우리는 일을 할 때 지적 능력 가운데 일부, 즉 특정 문제들을 고민하도록 훈련된(대개는 힘겹게 훈련돼서 자발적이지 않은) 일부만을 사용한다. 그리고 낯선 생각이나 생소한 상황을 접하면 유추에 의존하고 편견이나 내부 감정에 따라 행동한다. 진지하게 자기 계발 프로그램에 참여하는 사람들조차 한 가지의 '정신 근육'만을 사용하여 이런저런 주제에 관한 많은 정보를 수집한다. 혹은 인도 종교들에 관한 사실이나 찰스 디킨스의 작품, 캘리포니아 남부의 조류(鳥類) 등에 관해 뭔가를 배우는 것만으로도 자신이 '계발'됐다고 생각하기도 한다.

만약 여기에 자기만족이 개입되지 않는다면 이것은 전혀 해롭지 않을 것이다. 정보 수집은 지적인 사람들의 활동이다. 정보 수집과 동시에 혹은 그에 앞서, 독립적 판단을 내리는 훈련을 받음으로써, 수집된 정보에 관한 올바른 결론을 독립적으로 도출할 수 있다면 이는 가치 있는 활동이다. 하지만 그런 자기 계발 프로그램 자체만으로는 정신을

뉴욕 맨해튼의 록펠러 센터 일대 야경.
Photo by Samuel Herman Gottscho, 1933

최대한 활용하거나, 즉시 유용한 수단으로 써먹거나, 정신이 지닌 모든 자원을 마음대로 활용할 힘을 얻을 수 없다.

남들보다 월등하게 열심히 노력한다고 자부하는 사람들조차도 대개는 정신 '훈련'을 받지 않는다. 이런 훈련을 받으면 자신들의 삶을 최대로 활용할 수 있게 되는데도 말이다.

노벨 생리의학상 수상자인 알렉시 카렐(1873~1944) 박사는 그의 저서 『인간, 미지의 존재』(1936)에서 그 이유를 거듭 지적하고 있다. 문명화의 혜택이 순수한 축복만은 아니라는 것이다. 예컨대 인간은 더 이상 극한의 추위와 더위를 겪을 필요가 없고, 식량이 풍성한 시기와 부족한 시기를 교대로 겪을 필요도 없다. 전기는 어디에서나 밤을 낮처럼 밝혀 주고, 신문과 라디오 같은 미디어는 우리에게 오락거리를 제공해 주기에 우리는 자신이 지닌 재능을 좀처럼 탐색하지 않게 됐다. 건강한 인간은 엄청난 적응력을 지녀서, 카렐 박사의 말대로 "이런 적응력의 발휘는 인간의 최적 발전에 필수적인 것이었다." 하지만 우리는 자신을 약화시키고 독창성을 버리고 어떻게든 그 책임을 회피해 온 결과로 '훈련'이라는 단어 자체를 두려워하고 혐오하게 됐다.

그런데 훈련이란 다름 아닌 충만한 인생에 필요한 자질을 계발하기 위해 절제하는 것이다. 정신 훈련은 운동선수가 몸을 만드는 것과 마찬가지의 과정을 정신의 영역에서 실시하는 것을 의미한다. 그러려면 먼저 정신의 상태를 세밀하게 파악하고 난 다음 정신을 움직여 본격적인 훈련에 들어가야 한다. 정신 근육을 강화했다가 다시 유연하게 만드는 과정을 반복해야 하고, 또 어느 정도 긴장시키기도 하고 정확성을 높이기도 해야 한다. 간단히 말하자면, 정신의 역량을 시험하여 최대한으로 활용해야 한다.

그리고 이를 위해서는 우리 자신을 마음대로 제어하는 법을 익혀야 한다. 물질적인 편의 때문에 유약해진 데다 날마다 자신을 '심리적으로 해석하도록' 교육 받아 온 세대에게 이것은 결코 쉬운 일이 아니다. 어떤 사람들은 (건전한 목적을 위해 스스로 정한 자기 규제를 비롯한) 절제를 두려워하고 싫어하는 나머지 습관과 충동 사이를 오가며 살면서, 그래야만 완전히 자유로워질 수 있다고 느낀다. 그러나 아리스토텔레스는 "자유란 자신이 정한 규칙에 복종하는 것"이라고 말한 바 있고, 이 정의는 2천 년 전이나 지금이나 똑같이 유효하다.

우리는 자기 삶의 긴장과 정신 근력을 되찾기 위해 노력해야 한다. 그래야만 접근법과 공략 방식 그리고 노력 강도 등을 다양하게 구사하면서 민첩하고 재치 있게 하나의 활동에서 다른 활동으로 넘어갈 수 있다. 이는 마치 노련한 테니스 선수가 뛰어난 적수를 만나 다양한 전법을 구사하는 것과도 같다. 만약 우리가 그 날 그 날 충족시켜야 할 것들을 미리 알 수 있다면 적절한 대비를 할 수 있을 테고 유연성과 독창성은 필요없을 것이다. 그러나 그런 일은 없기 때문에 우리는 수많은 상황에 대응할 수 있도록 자신을 훈련시켜야 한다. 흔히 하듯 우리에게 익숙한 한두 가지 문제만 쉽게 풀고, 다른 문제들은 어색하게 맹목적으로 헤쳐 나가선 안 된다.

다음에 열거하는 훈련법은 세계 곳곳에서 가져온 것이다. 철학이나 종교에 관심 있는 독자들의 경우 이미 접해 본 방법도 있을 것이다. 이것들은 많은 나라의 현자들이 추천한 방법으로 인도와 스페인, 그리스, 중국 등지에서 행해지고 있다. 또 개중에는 일정 시간 동안 침묵을 지키는 것과 같은 정신 훈련이나 영적 수련을 가르치는 여러 나라에서 공통적으로 행해지는 방법도 있다.

하지만 그중 어떤 훈련법도 '목적의식 없이' '자의적이지' 않다. 여기에 소개된 방법들은 모두 정신 능력을 발전시키거나 강화한다. 목적의식을 갖고 스스로 통제하는 인생을 살고 싶다면 정신 능력을 잘 관리해야 한다.

모든 훈련법들이 모든 경우에 똑같은 가치를 발휘하는 것은 아니다. 그러나 이 중 어떤 것을 거부하고 싶다면 먼저 잘 생각해 보라. 혹시 그것이 불쾌할 정도의 자제를 요구한다는 이유만으로 포기하려는 것은 아닌가? 대부분의 훈련법에는 특히 어려운 단계가 있기 마련이다. 운동선수가 훈련을 할 때 안 쓰던 근육을 사용하면 뻣뻣하고 쑤시는 것처럼 정신의 영역에서도 같은 어려움이 따를 수 있다. 하지만 근육을 단련시키자면 일종의 저항을 감내하는 수밖에 없으며, 약간의 불편함을 느껴야만 운동을 통해 자신이 원하는 효과가 나타난다는 확신을 얻을 수 있다.

따라서 이런 정신 훈련을 수행할 때, 각 과정을 완전히 따르는 데 전혀 불편함이 없거나, 습관을 억제하는 새로운 방식의 행동을 하는 데 저항을 느끼지 못한다면, 그 훈련법은 당신에게 정말 필요한 것이 아니다. 이럴 경우에는 어느 정도의 인내와 노력이 요구되는 다른 방법으로 바꿔라.

열두 가지 훈련법

1. 매일 1시간 침묵하라

이 방법은 날마다 한 시간씩, 직접적인 질문에 대답할 때만 빼고 아무 말도 하지 않는 것이다. 이 방법을 쓸 때는 평소 만나던 사람들을 계속 만나야 하며, 화가 나거나 두통이 있는 듯한 인상을 풍겨서는 안 된다. 최대한 평소와 같은 모습을 보이되, 말만 하지 마라.

질문을 받으면 딱 필요한 만큼만 답하고 더 이상의 답변은 하지 마라. 충분하고 적절한 대답을 하되, 남이 묻지 않는 이상 그 대답이나 질문에 관한 더 이상의 언급은 하지 말고, 어떤 식으로든 질문한 사람에게서 또다른 질문을 끌어내려고 하지 마라. 이상한 일이지만, 평소에 말이 없던 사람들도 이 훈련을 어렵게 생각한다. 우리는 누군가를 만날 때마다 친분과 사교성이 있다는 증거를 보이기 위해 입을 열어 말을 하는 데 익숙해져 있고, 그래서 기회가 있을 때마다 끊임없이 말을 한다.

이 훈련법은 아주 오래된 종교가 탄생한 모든 나라에서 행해지고 있다. 이 방법은 엄청난 가치를 지녔고, 여러 가지 결과를 이끌어 낸다. 아마 이 방법을 실행해 본 사람들 중 서로 같은 반응을 보인 사람은 아무도 없었을 것이다. 결과는 성격에 따라 달라지기 때문이다.

예컨대 많은 사람들은, 우리가 허러는 말을 첫 시도에서 정확히 하는 경우가 드물다는 사실을 알게 된다. 우리는 서둘러 입을 열고는, 상대방의 표정에서 자신의 의사가 명확히 전달됐는지 아니면 잘못 전달됐는지를 판단한 다음 다시 이야기를 한다. 그래도 상대방이 자신의 의도를 제대로 이해하지 못했다면 한 번 더 시도한다. 그러고는 잠시 이야기를 멈추고 한 번 더 생각한 다음 더욱 정확한 표현을 사용해 본다. 그러나 그러는 사이, 상대방의 머릿속에는 우리가 의사를 전달하려 했던 세 번의 시도가 남아서 주제가 모호해지고 만다.

이 방법을 실행해 본 한 남성은 처음에 자신이 존재하지 않는 듯한 느낌을 받았다고 했다. 그러다가 침묵 속에서 자신의 존재가 방 안을 가득 채우더니, 방 전체가 객관적으로 보이는 경험을 했다고 했다. '말을 할 때'는 그의 눈에 보이는 것들의 중심이 그가 서 있는 곳이었지만, '침묵을 지킬 때'는 자신의 시야가 전혀 다른 부분에 중심을 두는 것들로 이루어졌다. 그리고 이 훈련을 끝내고 나자 그는 때로는 중심에 있고, 때로는 주변에 있고, 그리고 가끔은 그를 에워싼 모든 관심 대상에서 완전히 벗어나 있는 자신을 발견하게 됐다.

또다른 남성은 침묵하는 동안 함께 있던 친구들의 행동에서 많은 깨달음을 얻었다고 했다. 그에 따르면, 왠지 평소 분위기와 다른 것을 느낀 친구 두 사람이 확실히 거북해 했다. 그래서 한 사람은 열심히 그에게 관심을 끌려고 애썼고, 다른 한 사람은 공격적으로 변했다가 완전히 적대적인 태도를 보이더니, 이 말 없는 친구가 침묵의 시간을 끝낼 즈음에는 '우월감'을 느끼며 덤벼드는 수준에까지 이르렀다. 또다른 한 친구는 그때까지 친구들 가운데 가장 말이 없는 사람이었는데, 위험에 처한 균형을 되돌리려고 하듯 갑자기 엄청난 수다를 떨기 시작하더니, 침묵하던 친구가 이전처럼 자연스럽게 말하기 시작하자 다시 침묵 속으로 빠져들었다.

한 여성은 즐거운 듯 전하기를, 파티에서 조용히 앉아 웃기만 했던 한 시간 동안 인생 최고의 뿌듯함을 맛보았다고 했다. 그녀의 침묵은 쾌활함이 결코 따라오지 못할 매력으로 작용했던 것이다.

그런데 이 방법을 실행한 사람들이 모두 동의한 점이 하나 있다. 침묵하는 동안 마음속에서 통제력이 솟아났다는 것이다. 다시 입을 열었을 때는 정확하고 목적의식 있는 말을 하게 됐고, 전에는 결코 이해할 수 없었던, 작가 조지 메러디스(1828~1909)의 '침묵의 즐거움'을 알게 됐다고 했다. 한 사람은 체험담의 마지막 부분에 메러디스의 다음 문장을 인용했다.

"우리가 두려워하는 것은 신의 분노가 아니라 그의 침묵이다. 침묵은 견딜 수 없는 응답이기 때문이다."

2. 매일 30분간 한 가지만 생각하라

하루에 30분 동안 한 가지 주제를 생각하라. 듣기에는 아주 간단하지만, 처음에는 엄청나게 힘든 일이다. 초보자들은 처음에는 5분 동안 하나의 주제를 생각해 보고, 30분이 될 때까지 매일 조금씩 시간을 늘려야 한다.

처음에는 꽃이나 잉크병, 스카프 등 구체적인 대상을 택해야 한다. 그것들을 앞에 두지 말고 머릿속에 그려 보라. 예컨대 꽃을 생각한다면 갖가지 감각을 동원하여 스스로에게 묘사하라.

이 작업이 끝나면, 그 꽃이 어디서 어떻게 자라는지 생각해 보라. 또 무엇을 상징하는지, 어떤 쓸모가 있는지 등도 생각하라. 이런 간단한 시작에서 출발하여 구체적인 문제들을 생각하고, 마지막으로 추상적인 대상까지 나아가라. 정말 관심 있는 주제에서 시작하되, 잠시도 딴생각을 하는 것이 싫다면 신문이나 책의 한 페이지를 펼쳐서 아무 데나 손가락을 갖다 대고 주제를 택한 다음, 손가락이 닿은 줄을 보고 처음 떠오른 개념에 대해 생각하라.

이 방법을 더 확실하게 실행하려면 연필과 종이를 갖고 시작해서, 주의력이 흐트러질 때마다 종이 위에 간단한 표시를 하는 것이 좋다. 딴생각이 드는 것을 빨리 의식하는 편이라면 첫 며칠 동안은 금방 종이가 꽉 찰 것이다. 다행히 이 경우 발전은 꽤 빠르다.

어쩌면 일주일, 심한 경우 한 달 뒤면 30분이 지나도 종이가 거의 깨끗할 것이다. 이 연습은 독창적인 일을 하려는 사람이나 어떤 새로운 절차를 도입하려는 사람들에게 확실한 가치를 지닌다. 처음에는 혼자 있을 때 연습하는 것이 좋지만, 나중에는 출퇴근길 등 주의 집중을 방해하는 요소가 많은 상황에서도 훈련이 가능해진다.

신경 써서 주의할 점은, 인도의 수련이나 기독교의 '묵상'에서 보듯 하나의 대상에 가만히 정신을 집중하라는 이야기가 아니라는 것이다. 하나의 주제에 관해서만 생각하라는 것일 뿐 그 이상은 아니다. 전자의 경우는 약한 최면 상태를 불러들일 수 있어 우리의 목적에 알맞지 않다.

물론 이것은 학창 시절 선생님들이 우리에게 강조하던 '몰입'과 '집중'일 뿐인데, 그럼에도 불구하고 우리가 그 시절이나 그 후에도 이를 완벽히 배우지 못했다는 사실은 참으로 놀라운 일이다. 한 번 익히고 나면 엄청난 이익이 되는데도 말이다. 예를 들면 이 방법을 쓸 줄 아는 사람은 외국어를 금방 배울 수 있다. 물론 조기에 음성학을 배우지 않은 이상 억양은 엉망이겠지만, 그래도 책이나 신문 정도는 쉽게 읽을 수 있고 낯선 나라를 돌아다니는 데 필요한 어휘는 한 달 내로 충분히 습득할 수 있다.

뿐만 아니라 경쟁을 통해 성과를 내야 하는 상황에 처할 경우에는, 중도 포기 없이 생각하는 훈련을 꾸준히 해 온 사람이 먼저 결승점에 도달한다. 이로 인한 이익은 너무나 명확해서 더 강조할 필요가 없겠다.

3. '나'를 빼고 편지를 써라

'나'라는 단어를 넣지 말고 편지를 써라. '나', '나를', '나에게', '나의', '내 것' 같은 단어를 말이다. (순진하게도 나는 이 훈련 방식이 '나만의' 것이라고 생각했다. 최근에 이 방법과 비슷한 다른 훈련법을 우연히 알게 됐다. 그것은 앨리스 일라이자 벤틀리의 시집『마음의 춤』(1933)에 나와 있다.) 단, 편지를 자연스럽고 흥미롭게 써야 한다. 편지를 받는 사람이 뭔가 이상한 점을 눈치 챈다면 이 훈련법은 실패한 것이다.

이 방법을 통해 우리는 전체적인 시야에서 자기 자신을 볼 수 있다. 이런 종류의 편지를 잘 쓰려면 정신을 외부로 향하게 해야 하고, 자기 일에 집착하거나 매달리는 것을 잠시 포기해야 한다. 훈련을 마치고 나면 자신의 삶이 한결 새롭게 느껴질 것이다.

4. '나'를 빼고 매일 15분간 말하라

'나'라는 말을 넣지 말고 하루 15분씩 이야기하라.

5. 과장도 거짓도 없이 밝은 편지를 써라

성취감이나 만족감이 가득한 편지를 써라. 어떠한 허위

자신에게 완전히 솔직해지는 것은 몸에 좋은 운동과 같다.

지그문트 프로이트

산타클로스에게 편지를 부치는 아이. 1920년 12월 4일

진술도 있어선 안 된다. 허세를 부리지 말고 거짓말도 하지 마라. 이런 식의 편지로 솔직하게 전할 수 있는 활동이나 생각들을 찾아보고, 편지 내용을 거기에 국한시켜라. 편지를 쓰는 동안 글의 분위기를 통해 자신이 어느 면에서도 낙담하고 있지 않음을 드러내라.

여기에는 두 가지 목적이 있다. 하나는 부정적이고 낙담하는 태도를 긍정적이고 활기찬 태도로 바꾸는 것이다. 처음에는 편지에 쓸거리가 없을 것 같지만, 조금만 지나 보면 많은 문제가 순탄하게 잘 풀리고 있는데도 그동안 실망과 좌절에만 신경을 쓰느라 그것을 알아채지 못했음을 깨닫게 된다. 다른 더 중요한 목적은, 거의 모든 지인들에게 이런 편지를 보내면 인간관계의 성공을 가로막던 큰 걸림돌을 제거할 수 있다는 점이다.

종종 우리에게 편지 쓰기란 일상의 외진 곳에 활력을 불어넣는 일이다. 무료하거나 활기 없고 우울할 때, 펜을 들어 사랑하는 사람들에게 편지를 쓰는 것이다! 우리는 우울하고 슬픈 내용의 글을 이 사람 저 사람에게 보내고 당연한 결과를 얻는다. 위로와 연민이 담긴 답장을 받는 것이다. 때로는 이런 답장이 우리의 기분이 좋거나 활기가 넘칠 때 도착하기도 한다.

그래도 우리는 만화나 영화에 나오는 영웅적 캐릭터가 아니기에 자기연민을 느낄 수 있는 이런 기회를 좀처럼 뿌리치지 못한다. 물론 우리에겐 선택권이 있다. 우리가 자초한 답장을 읽고 또다시 순교자가 된 듯한 기분과 자기연민에 빠질 것인가, 아니면 바보가 된 듯한 기분을 느낄 것인가? 누구에게나 바보가 된 듯한 기분보다는 다시금 슬픔을 느끼는 편이 훨씬 더 드라마틱하다. 그래서 우리는 악순환을 반복하고 있으며, 최근에 있었던 나쁜 소식을 또다시 편지에 담아 보낸다.

하지만 성공적인 인생을 살려면 자기연민과 우울에서 벗어나야 한다.

6. 대화 상대와의 관계를 미리 예측해 보라

이 훈련법은 미국에서 젊은 숙녀들을 위한 대부분의 교양학교(젊은 여성의 사교계 진출 준비 학교)에서 사용되는 방법이다. 수줍음을 타는 조용한 여성들 중 다수는 교양학교에서 이 훈련을 받은 덕분에, 세상을 많이 접해 보지 않은 사람들에게는 당황스럽고 가혹할 수 있는 여러 상황들에 잘 대처할 수 있게 됐다.

사람 많은 방이나 집에 들어가기 전, 먼저 문 앞에서 걸음을 멈추고 방 안에 있는 사람들과 자신의 관계를 잠시 생각해 보라. 방 안에 가득한 사람들을 한눈에 평가하고 예상되는 만남의 결과를 가늠해 보는 것이다. 처음에는 일을 중심으로, 다음에는 친분과 자신의 관심사 위주로. 가능하다면 방 안에 있는 사람들을 잘 아는 누군가의 도움이나 소개를 받는 것도 좋다.

그런데 요즘은 어떤 일에 대해 이 같은 신중한 대비를 하는 것이 위선적이고 속물적이라고 여기는 가당찮은 사고방식이 널리 퍼져 있다. 이것저것 따지지 말고 일단 상황 속에 뛰어들어 가서 쉽사리 취할 수 있는 것은 얼른 낚아채고 쓸모없는 나머지는 내버려두는 것이 최고라는 식이다. 하지만 장차 헤쳐 나가야 할 일과 관련있는 다양한 가능성과 관계를 잠시 예견해 보는 행위를 '가식적인' 행동이라고 보는 것은 사실상 옳지 않다. 자신과 맞지 않는 일을 충동적으로 하는 경우가 생기지 않도록 미리 조심하는 것일 뿐이기 때문이다. 덕분에 관심도 없는 내용을 갖고 쓸모없는 대화를 이어가야 한다거나, 진정한 친구를 만나 이야기할 기회를 놓친다거나, 가치 있는 대화를 나눌 상대를 만나지 못하는 일은 없을 것이다.

아무리 의식적으로 삶을 계획한다 해도, 때론 예측하거나 기대하지 않은 일이 생길 여지가 많은 것이 우리의 인생이기 때문에, 가장 이상적인 것은 인생을 최대한 자발적으로 통제할 수 있는 범위 내에 두는 것이다. 가끔은 좋은 의도로 출발했어도 처음에 예측하고 바란 결과를 얻지 못하는 경우가 있다. 좀 수고스럽더라도 우리 앞에 놓인 온갖 가능성을 미리 검토한다면, 우리는 쉽게 차선책을 택할 수 있을 것이고, 하나의 결과에 실망해서 다른 모든 기회를 놓쳐버리는 일도 없을 것이다.

7. 처음 만난 사람이 자기 이야기를 계속하게 만들라

위의 훈련법들을 모두 익혔거나 되새겼다면, 이번에는 17세기 프랑스에서 전해 내려오는 오랜 방법을 살펴보자. 새로 알게 된 사람에게 그 자신에 관한 이야기를 계속하게 유도하되 당신의 그런 노력이 들키지 않도록 하라. 처음에는 상대의 모든 정중한 질문에 역시 정중한 질문으로 답하면서 그가 당신의 답문 때문에 퇴짜 맞는 것 같은 기분을 느끼지 않도록 주의하라. 그러다 보면 마음속에 상대방에 대한 진정한 관심이 솟아날 것이다. 당신이 사교적이거나 상상력이 풍부한 사람이라면 이내 대화에 몰두하게 될 것이다. 당신에게 마지막으로 남아 있던 자의식은 흔적까지 떨어져 나갈 것이다. 아마 상대방은 당신에 대해 질문하지 않을 것이다. 굳이 그런 질문을 하지 않더라도, 서로가 세상을 어떻게 바라보는지를 조금은 알 수 있고, 사고의 지평을 넓힐 수도 있기 때문이다.

그러나 만약 상대방의 질문에 답하기 위해 당신 자신에 관한 이야기를 한다면, 할 말이 너무 많은 데다 공통의 관심사에 정신이 팔린 나머지 과연 상대방과 친분을 쌓는 것이 바람직한가에 관해서는 생각해 볼 겨를도 없을 것이다.

분명히 말하지만 의식적으로 행동한다고 해서 쌀쌀맞게 굴 필요는 없다. 자기 행동을 통제한다고 해서 당신의 인품이 드러나지 않는 것은 아니다. 오히려 그 반대다. 자기 행동을 통제하지 못할수록 인품이 잘못 드러나기 십상이다. 사람들은 사교를 위한 노력을 의식적으로 기울인다. 따라서 자기 자신에게 사로잡혀 타인의 기분이나 관심사에 아랑곳하지 않는 것보다는, 유쾌한 방법을 활용하여 우리를 속박

하는 이기주의에서 벗어나는 편이 낫다. 이 훈련에서 당신의 대화 상대는 당신이 세운 냉정한 계획의 희생양도 아니고, 당신의 맹목적인 이기주의에 피해를 입는 것도 아니다.

8. 흥미진진하게 자기 이야기만 계속하라

위의 방법과 정확히 반대이면서 의식적으로 실행하기가 훨씬 어려운 방법이 있다. 당신 자신과 당신의 관심사에 대해서만 이야기하라. 불만을 쏟아내며 투덜대거나, 잘난 척하거나, 상대를 지루하게 해서는 안 된다. 상대가 당신과 당신의 활동에 최대한 흥미를 느끼게 만들어라.

이것은 자기 이야기를 너무 많이 하는 사람들에게 훌륭한 훈련이 된다. 이런 극단적인 예를 통해 자신이 시시때때로 친구들을 얼마나 괴롭혔는지 직접 깨닫는 것이다.

자신의 관심사에만 집중된 대화를 의식적으로 계속하다 보면, 상대방의 얼굴에는 무관심과 지루함, 산만함, 조바심은 물론, 다른 화젯거리를 꺼내어 이런 신경증적 자기중심주의에서 벗어나고 싶은 욕망이 뚜렷이 나타날 것이다. 한두 번 이런 훈련을 하고 나면 다행스럽게도 당신의 약점은 사라질 것이다.

그런데 이를 통해 얻을 수 있는 것이 또 있다. 사소하고 평범하면서도 인생에 반복적으로 일어나는 일들에 관해 이야기하는 것이 듣는 사람에게 권태감을 일으킨다는 점이 이내 명백하게 드러난다. 하지만 만약 과거에 자신이 정말 재미있는 경험을 했거나, 평소와 다른 특정 상황에서 많은 상상력을 발휘했거나, 최근에 새로운 일을 하게 됐다면, 그와 관련된 이야기는 듣는 이의 관심을 붙잡을 수 있다.

그러고 나면 관심사를 확대하고 새로운 모험을 하거나 일상생활에 더 많은 상상력을 발휘하는 것이 이익이라는 결론을 내릴 수밖에 없다. 우리는 최근 아팠던 경험이나 자식 자랑, 영리하기 그지없는 애완동물 이야기, 지독히 운 없었던 오늘 하루에 관한 이야기 따위로 말문을 여는 것을 집어치워야 한다는 사실을 알게 된다. 만약 쓸데없이 떠들어대는 사람을 만날 경우, 당신이 이야기할 차례를 이용해서 일부러 심도 있고 폭넓은 주제를 끄집어내라. 그래도 상대방이 더 나은 대화를 거부한다면 결단을 내려야 한다.

간혹 많은 결점에도 불구하고 친구가 지닌 인간적 따뜻함과 상냥함, 진실한 감정 때문에 어떤 상황에서도 그와의 관계를 포기할 수 없을 때가 있다. 그런가 하면, 상대와의 사이에 깊은 유대감이 없는데도 그저 생활의 사소한 일들에 관해 잡다한 수다를 늘어놓을 수 있다는 이유만으로 그에게 애착을 느끼는 경우도 있다. 이는 대단히 유감스럽고 난감한 일이다. 이런 경우에는 상대방에게 상처를 주지 않고 그 관계에서 발을 빼야 하며, 더 이상 자신이나 상대방의 에너지와 시간을 낭비하지 말아야 한다. 만약 당신이 어떤 이와 그런 관계를 유지해 왔다면(대부분 그랬겠지만) 우선 그 관계를 참된 친분으로 변화시켜 서로 격려하고 힘을 주는 사이가 될 수 있는지 알아봐야 한다. 그럴 수 있는 희망이 전혀 없다면 그 관계는 끝내는 편이 낫다.

9. 친구의 도움을 받아 말버릇을 고쳐라

"저기", "있잖아" 같은 말을 사용하는 습관을 고치는 데는 누군가의 협조가 필요하다. 자신에게 이런 말버릇이 생겼음을 깨달았다면 감정을 나누는 대화를 가장 많이 하는 친구에게 부탁하라. 말버릇은 잘 모르는 사람 앞에서 통제하기가 가장 쉽지만, 열띤 대화가 오가는 중에 말끝마다 같은 표현이 반복돼 상대가 듣기 거북할 수 있다. 친구에게 당신이 "있잖아" 따위의 말을 너무 많이 한다고 이야기하라.

당신이 말하는 것을 듣고 있다가 그 말이 튀어나오면 대화를 끊지 말고 손을 들어 달라고 하라. 그 다음부터 당신은 뚝뚝 끊어가며 말하게 될 수도 있고, 한동안은 이야기보다 웃음이 더 많이 튀어나올 수도 있지만, 결국은 그 말버릇을 제어할 수 있게 될 것이다. 두세 번만 이렇게 하다 보면 그 표현 자체를 쓰지 않게 된다. 당신이 정 쓰고 싶다면 경우가 다르겠지만.

10. 매일 2시간을 계획대로 행하라

하루 중 두 시간의 일을 계획하고 그 계획에 따라 생활하라.

프리랜서로 혼자 일한다면 어느 요일이든 관계없다. 그렇지 않다면 일요일이나 공휴일을 택해서 이 방법을 실행해 보라. 계획의 일부는 평소의 습관대로 하고 나머지 일부는 다르게 하라. 예를 들면 다음과 같다.

  7:30~8:00   아침식사, 신문 보기
  8:00~8:20   편지 읽거나 쓰기
  8:20~9:25   주제별로 책 정리하기

9:25~9:30 　주중이라면 전화로 그 동안 미뤄온 약속 잡기.
주말이나 공휴일이라면 산책하기

계획의 복잡함이나 다양힘은 이 방법과 별 관계가 없다. 핵심은 하나의 활동에서 다음 활동으로 넘어가는 시점을 대략적으로 잡지 않고 정확하게 잡는 것이다.

만약 정해진 시간 안에 신문을 절반밖에 못 봤다면 매우 안타까운 일이지만 내려놓고, 지금까지 열어 보지 못한 편지들을 확인해야 한다. 새로 받은 편지가 없다면 편지를 쓰면서 20분을 보내라. 그래도 시간이 남으면 엽서를 쓰거나, 다른 날 보낼 편지에 쓸 내용을 메모하면 된다. 8시 20분이 되면 편지 확인을 중지하고 책을 정리하라. 계획한 활동 중 적어도 하나는 당신에게 꽤 흥미 있는 일이어야 한다. 책 정리가 아니면 잡지 기사를 오리거나 방을 말끔히 정돈하는 일도 괜찮다.

이 훈련법의 목적은 두 가지다. 첫 번째는 일의 순서를 지키는 경험을 다시 해 보는 것이고, 두 번째는 어떤 정해진 활동을 하는 데 필요한 시간 개념을 우리가 얼마나 잊고 있었는지 깨닫는 것이다.

한 줄에 한 글자라도 더 끼워넣으려는 편집자와 조판자 때문에 인쇄업자는 노상 투덜대며 "저 사람들은 내 시간이 무슨 고무줄인 줄 아는감?" 하고 불평하곤 한다. 그렇다, 그들처럼 우리 대부분은 시간을 쭉쭉 늘어나는 고무줄같이 여긴다. 샤워를 끝내고 기차역까지 가는 데 정확히 17분이 걸린다는 것을 오랜 경험으로 알고 있는 시골 사람들만 해도, 열두 시간은 걸려야 할 일을 점심 먹고 한두 시간 내로 끝내겠다는 계획을 별 생각없이 세운다.

우리는 한정된 시간 내에 무한히 많은 일을 할 수 있다고 생각하며, 그럴 수 없다는 사실을 대체로 받아들이려 하지 않는다. 하지만 시간을 최대로 이용하는 법을 익힐 수는 있다. 처음에는 하루 두 시간으로 시작했다가 세 시간, 네 시간으로 점차 늘려, 나중에는 (최소한) 하루 여덟 시간을 미리 계획하고 효과적으로 생활하는 것이다. 하루 스물네 시간의 일정을 정확히 계획하는 것은 항상 가능한 일도 아니고 바람직하지도 않지만, 가끔 며칠만 계획표대로 살아 봐도 시간의 가치를 새삼 깨달을 수 있고 시간이 낭비되지 않도록 우리가 무엇을 해야 하는지를 알 수 있다.

이 문제에 관해 정말 엄중한 경고가 필요한 사람들에게

시카고 유니언역의 대합실. Photo by Jack Delano, 1943

해 주고 싶은 이야기가 있다. 정신과 의사 폴 보스필드 박사의 주장에 따르면, 개선이 불가능한 이기주의자의 특징은 주어진 활동에 실제로 필요한 시간을 전혀 고려하지 않는 점이라고 한다. 그런 사람은 무의식중에도 세상이 자신을 중심으로 돈다고 생각하고, 심지어 해와 달의 움직임을 멈출 수 있는 마법의 힘이 자신에게 있는 것처럼 생각하기 때문에, 시간이 자신에게 맞춰 주지 않는 것에 놀라면서 평생을 살아간다. 그런 사람은 언제나 약속에 늦고 자기 일을 게을리 하며, 자기가 쌍둥이라 해도 감당할 수 없을 만큼 많은 일과 모임 초대를 끊임없이 받아들인다. 그는 결국 뼈아픈 교훈을 얻거나 좋지 않은 결말을 맞이하고 만다.

11. 이따금 자신에게 힘든 명령을 내려 반드시 행하라

이 훈련법은 가장 어려운 방법이다. 어쩌면 많은 독자들은 이것이 지나치게 독단적으로 여겨져 시도해 볼 생각조차 하지 않을 수도 있다. 이 방법은 확실히 독단적이지만, 바로 그것이 핵심이다. 이것은 대가족에 둘러싸여 살아가는 사람보다는 혼자 사는 사람이나, 대부분의 시간을 혼자 보내는 사람에게 더욱 필요하다.

앞에서 인용한 알렉시 카렐 박사의 말을 기억하면서, 습관대로 행동할 수 없고 반드시 적응이 필요한 상황 속으로 자신을 몰아넣어라. 육군과 해군, 수도승, 그 밖의 몇몇 사회에 속한 사람들은 끊임없이 명령을 받으며 살아간다. 그들에겐 자신의 편의에 따라 살아가는 대부분의 남녀에게 없는 '강단'이 있다. 우리 삶에 그런 강단을 되찾기는 쉬운 일이 아니지만, 그렇다고 놓쳐 버리기엔 너무 아깝다.

아래의 제안은 지나치게 극단적이거나 우스꽝스럽게 느껴지기도 하지만, 나중의 성과를 알고 나면 이 방법의 가치를 이해할 수 있을 것이다.

여러 장의 종잇조각에(처음에는 열두 장이 적당하다) 다음과 같은 지시 사항을 적어라.

- 대중교통을 이용하여 집에서 30킬로미터 떨어진 곳으로 가라. (가급적이면 자가용을 운전하거나 택시를 타지 마라. 버스나 지하철을 이용하라.)
- 음식을 먹지 말고 열두 시간을 버텨라.
- 평소 같으면 절대 가지 않았을 곳에 가서 식사를 하라. (한 번도 가보지 않은 동네에 있는 음식점이 좋다.)

- 질문에 대답할 때를 제외하곤 하루 종일 아무 말도 하지 마라.
- 밤새 자지 말고 일하라.

무엇보다 가치 있는 지시 사항은 바로 이것이다.

- 차분하게 지속적으로 일할 계획을 세워라. 잠깐 눕고 싶은 유혹에 저항하되, 한 시간에 한 번씩 의자 등받이에 기대어 잠시 휴식을 취하다가 피로가 엄습해 올 것 같으면 다시금 마음을 다잡고 일에 임하라.

이것을 실행한 사람들만 깨닫는 바가 있다. 우리는 피로감을 느끼는 즉시 거기에 굴복하고 외부 자극이 있는 동안에만 깨어 있기 때문에 자기 정신의 깊이를 여간해서는 알 수가 없다.

이 종잇조각들을 열두 개의 봉투에 넣어 봉한 뒤 충분히 섞어서 책상 서랍 속에 넣어두어라. 생각날 때마다 다시 섞어라. 2주에 한 번이나, 매달 한 번 정해진 날짜에 봉투 하나를 골라서 뜯어보고 자신이 내린 지시 사항을 수행하

라. 어쩌면 비가 억수같이 내리는 날 대중교통을 이용하여 30킬로미터를 이동해야 할지 모른다. 그래도 건강 상태가 나쁘지 않은 한 그대로 수행하라. 고된 일을 하는 중이라면 한 달에 한 번으로 족하다. 일이 많이 바쁘지 않은 사람이라면 자신에게 좀 더 다양한 지시를 자주 내릴수록 인격 수양에 도움이 된다(그렇다고 자기 명령을 따라 쉴 새 없이 움직이는 꼭두각시가 되어서는 안 된다).

열두 개의 종잇조각에 반드시 각기 다른 열두 가지 지시 사항을 적어둘 필요는 없다. 자신에게 정말 어려운 활동, 자기 기질에는 맞지 않지만 분명 가치 있는 훈련이 될 활동이 있다면 그것을 포함시켜라. 내가 아는 사람 중에 비정상적일 정도로 낯을 가리던 한 젊은이는 매일 세 명 이상의 낯선 사람과 대화를 나누라는 지시를 적었다. 지시 사항은 자신의 바람직하지 않은 행동을 교정하기 위한 것이어야 하고, 익숙한 것이 아니어야 하며, 평소 일상의 틀을 깨는 것이어야 한다.

12. 가끔 하루는 타인의 합리적 요구에 무조건 응하라

앞의 방법 대신 다음과 같은 훈련을 할 수도 있다.

- 가끔은 하루 종일 자신에게 주어지는 합리적 요구에 무조건 '예'라고 답하라.

이 방법은 여가 시간에 사람들과 덜 어울릴수록 더 큰 가치를 발휘한다. 스물네 시간 내에 (말이 끄는) 썰매를 타러 오라는 초대를 받을 수도 있고, 직업을 바꿀 기회가 올 수도 있다. 추운 날씨가 아무리 싫어도 썰매를 타러 오라는 제안은 받아들여야 한다. 다행히 직업을 바꾸는 것은 재고의 대상이다. 우리가 별 생각 없이 수행해도 좋은 것은 '합리적인' 활동뿐이기 때문이다.

어느 날이든 아무 요구도 없을까 봐 걱정하지는 마라. 우리가 평범하고 안정된 생활을 방해받지 않으려고 날마다 거절하는 사소한 요구들이 얼마나 많은지를 알면 당신은 깜짝 놀랄 것이다. 이 훈련의 효과는 광범위할뿐더러 대개 깨달음을 주며, 지극히 유익한 경우도 있다.

내 경우에는, 이 훈련법을 처음 실행에 옮겼을 때, 몇 년 만에 소설 쓰기에 관한 강의를 맡아 달라는 요청이 들어왔다. 나는 강의 자체를 지독히 싫어한다는 사실을 널리 알린 바 있었고, 생계를 유지할 다른 방법이 있는 한 절대 강의를 하지 않을 것이며, 내가 겪어본 바로는 대부분의 소설 쓰기 강의는 학생들에게 아무런 도움도 되지 않더라는 이야기를 매번 해 왔다.

하지만 나 자신의 명령에 따라 나는 이 청탁을 받아들여야 했다. 소설을 쓴 경험도 있고, 십 년간 편집 일을 해 봤으며, 써야 할 글의 흐름을 잡는 방법도 알고 있었으므로 자격은 갖추어진 셈이었다. 나는 강의를 맡았고, 학생들의 질문에 귀를 기울였으며, 내가 아는 책 중 어느 것도 그들에게 완벽한 해답을 줄 수 없다는 사실을 깨닫게 됐다. 결국 나는 『작가 수업』이라는 책을 직접 쓰게 됐다.

지금 당신이 읽고 있는 이 책 역시 '오직 "예"라는 대답만 하기'의 결과물이다. 나는 스케줄이 꽉 차 있을 때 강의 청탁을 받았기 때문에 어떤 부탁이건 수락하라는 자신의 명령이 없었다면 그 강의를 맡지 않았을 것이다. 이 명령이 매번 이렇게 큰 결과를 낳는 것은 아니지만, 어쨌든 흥미로운 것은 사실이다.

그러나 성급한 결론은 금물이다. 단 하루의 실천으로 흥미로운 가능성을 많이 깨달았다고 해서 매번 그런 것은 아니기 때문이다. 가끔은 기회를 거부하는 것으로도 많은 깨달음을 얻을 수 있다. 이 방법은 '휴식'이 아닌 '오락'을 즐기러 파티나 클럽에 가는 데 지나치게 많은 시간을 쓰는 사람들에게 특히 효과적이다. 이런 사람들은 많은 파티 초대를 거절하고 심도 있는 자기 계발에 시간을 쓸 수 있도록 계획을 세워야 한다.

이런 틀 안에서, 당신 자신의 상황에 도움이 될 다른 훈련법도 개발해 보라.

새로운 훈련 방법을 고안하는 데는 두 가지 방식이 있다. 먼저 자신의 약점이나 미비한 부분을 파악하라. 그러고 나서 그것을 수정하기 위해 지금과 반대로 행동할 것인가, 아니면 (자기 이야기만 하는 사람들의 버릇을 고칠 때처럼) 다른 사람을 통해 그것을 지적당하는 방식이 효과적일 것인가를 정하라.

이렇게 결정한 훈련 방법은 유익할 뿐만 아니라 재미도 있을 것이다. 같은 능력을 가지고 어영부영 해법을 찾는 것보다는 이런 훈련이 훨씬 도움이 될 것이다. 자기 정신과의 싸움에서, 한껏 민첩하고 재치 있게 결투를 벌여 승리를 거머쥔다면 엄청난 승리감을 맛보게 된다. 결국에는 훈련하는 사람만이 이런 식으로 강화되거나 단련된 정신적 기질을 자기 뜻대로 사용할 수 있으며, 정확하고 빠른 효과를 느낄 수 있다.

이런 훈련에서 즐거움이 느껴지기 시작한다면, 이것은 수단일 뿐 목적이 아님을 상기하라. 자기 정신을 다룬다는 면에서 당신은 아직 그것을 '정식으로' 사용하고 있지 못하다. 아직은 훈련 중인 것이다. 지나치게 건강에 매달리는 사람들 중 매일 온갖 음식을 먹거나, 하루 종일 격한 운동을 하거나, 햇볕 아래 오래도록 앉아 있으면서 따분하기 그지없는 생활을 하는 사람을 본 적이 있지 않는가? 그런 사람은 필시 건강한 존재가 되지만 그에겐 다른 아무 목적이 없다. 당신은 목적이 명확한 활동에 정신을 쏟기 위한 훈련을 하는 것이므로, 너무 오래 미루지 말고 본래 계획한 목표를 향해 나아가야 한다.

성공적인 인생을 사는 데 도움이 되는 방법들 중에서, 이제는 우리에게 직접적인 힘이 될 만한 것을 생각해 보자. 우리의 여정을 한결 편하게 만들어 줄 방법이 몇 가지 있는데, 그중 가장 좋은 것은 벤저민 프랭클린의 『자서전』에 소개된 방법을 따르면서, 특별히 준비한 작은 노트에 그날의 성과를 매일 체크하는 것이다. 프랭클린의 13가지 덕목을 적고, 각 덕목의 요점과 관련된 구체적인 규칙을 그 밑에 하나씩 적어라.

예를 들어 "절제"라는 항목 밑에는 "둔해지도록 먹지 말 것, 얼큰하도록 마시지 말 것"을 적고, "침묵" 밑에는 "타인이나 자신에게 도움이 되는 말 외에는 하지 말 것, 잡담을 피할 것"을 적고, "질서"와 "결단" 그리고 "검소"를 비롯한 다른 덕목에도 그런 식의 글을 적어라. 이는 더없이 훌륭한 목록이지만(이렇게 해 놓으면 노력하기가 훨씬 편하다), 대개는 가장 어려운 여섯 가지 문제만 적어 놓아도 충분하다. (가능하다면 프랭클린의 『자서전』을 읽어 보라. 훌륭한 제안이 가득한 책이다.)

고쳐야 할 결점은 누구에게나 있다. 그런데 예를 들어 당신이 최선을 다해 일하지 않는다거나, 낯을 많이 가리는 성격이거나, 결단을 내리는 데 지나치게 오랜 시간이 걸린다고 하자. 혹은 말이 너무 많거나(소심함과 수다스러움은 서로 상관없는 결점이 아니다), 아무 때나 음식을 먹거나, 먹어서는 안 되는 것을 먹거나, 잠이 너무 많다고 하자(혹은 잠이 너무 적을 수도 있다). 그렇다면 당신의 노트는 다음과 같아야 한다.

구분	월	화	수	목	금	토	일
일							
용기							
결단							
말							
식사							
수면							

체크 표시는 당신이 불만스러운 행동을 하고 싶은 유혹을 성공적으로 뿌리친 횟수를 나타낸다. 노트의 네모들이 체크 표시로 채워졌다면, 즉 문제의 원인이 되는 결점들이 제거됐다면, 그 분야에는 더 이상 신경 쓰지 말고 새로 알아낸 다른 결점 항목을 적어 넣어라. 얼마 안 가 그 노트가 필요없어진다면 당신은 성공한 것이다. 그렇더라도 긴장을 늦추지 않기 위해 열어보기 편한 서랍에 넣어 두고 가끔씩 꺼내 보는 것이 좋다.

다음은 하루의 시작에 관한 문제다. 매일 아침 맑은 정신으로 하루를 시작하는 사람이라면, 아침마다 완전한 컨디션을 발휘하지 못해 힘들어하는 사람들이 얼마나 많은지 아마 모를 것이다. 당신이 후자에 속한다면 주저 없이 작가 캐서린 맨스필드(1888~1923)를 본받아라. 아침에 잠을 깨고 눈을 뜨면 바로 보이게끔 다음과 같은 문구를 붙여 놓는 것이다.

"당장 자리에서 일어나라."

그리고 많은 사람들이 그러하듯, 묵직한 피로감 때문에 아침에는 좀처럼 포착하기 어려운 기발한 영감이 한밤중에 떠올랐다면 그것을 적어 두어라. 단호하고 신랄한 표현을 사용하라. 예컨대 자신에게 이렇게 쓰는 것이다.

"그 고객이 이 아이디어를 어떻게 생각할지 최소한 확인이라도 해 보지 않는다면 넌 바보 멍청이야. 오늘 당장 약속을 잡아!"

이것이야말로 단조롭고 상상력 부족한 낮 시간에 정신 차리고 좀 더 강렬한 마음가짐을 갖는 데 꼭 필요한 것이다.

내가 아는 어느 유명 인사는 꾸준히 자신에게 엽서를 보내는데, 가끔은 짧은 편지를 쓴다. 그의 설명에 따르면 불필요하게 사소한 것들을 일일이 기억하는 수고를 덜기 위해 엽서를 보낸다고 했다. 그는 수신자 주소가 자기 사무실로 적혀 있는 엽서 몇 장을 주머니에 넣고 다녔다. 날씨가 좋지 않은 날 그는 나와 함께 음식점에 앉아 있다가 창 밖을 내다보더니 주머니에서 엽서를 꺼내 그 위에 글씨를 적었다. 그러고는 씩 웃으며, 앞에 있는 내게 그 엽서를 보여주었다. 수신자 주소는 그의 사무실이었고, 엽서에는 이렇게 적혀 있었다.

"모자와 비옷을 챙겨라."

그는 사무실에서도 자신의 집으로 보내는 엽서를 쓰곤 했다.

성공의 대가로 자신에게 보상을 주는 것 역시(성공 그 자체도 보상이지만) 바람직한 행동을 촉발하는 또 하나의 방법이다. 그런데 당신의 노트에 일주일 내내 만족스러운 표시가 되어 있어야만 자신에게 작은 보상을 내린다면, 당신은 결점에서 멀어지는 데 약간의 어려움이 있는 셈이다.

스스로에게 엄격하면서도 친절한 태도를 취하는 습관을 들여라. 일정한 수준의 성과를 요구하고, 그것을 해냈다면 자신을 인정하고 상도 주어라.

우리는 잘못된 전략을 추구하는 일이 너무나 많다. 반드시 행동해야 할 때에 딴짓을 하거나 나태함에 대한 변명을 늘어놓고는, 나중에 가서 가차없고 속절없이 자신을 비난하고 벌한다. 이런 자기 책망은 아무런 도움도 되지 못한다. 진작 자신에게 엄하고 단호하게 대했더라면 그런 불이행을 어느 정도 보충할 수 있었을 것이다. 하지만 우리는 그러지 않는다. 계획한 일을 하지 않을 뿐만 아니라 자신의 기를 꺾고 상처까지 주고 있다.

윌리엄 제임스
1890s

Epilogue

리듬을 타면서 용기 있게

~

성공과 실패는 능력보다 마음가짐에 달려 있다.
성공하는 사람들은 이미 성취한 것처럼 행동하거나
과정을 즐긴다. 그러면 머지않아 목표가 이루어진다.

윌리엄 제임스

꿀을 찾아가려면
벌에게 쏘일 각오를 해야 한다.

조제프 주베르

요컨대, 성공의 제1원칙은 '절대 실패하지 않을 것처럼 행동하라'이다.

이를 실행하기 위해 우리가 가장 먼저 할 일은 몽상이나 시간 낭비에 드는 에너지를 최대한 회수하여 좀 더 의미 있는 활동에 쏟아붓는 것이다. 실패했던 기억이나 실패할지 모른다는 우려에는 신경 쓰지 말고, 일시적 불편이나 과거의 고통도 크게 개의치 않아야 한다. 또 거절이나 비협조를 야기할 여지가 있는 태도나 어조를 사용했다가 실패를 자초해서는 안 된다. 그리고 자신의 정신을 능숙하게 다뤄야 할 경우를 대비하여 여러 가지 훈련으로 정신을 단련해야 한다. 아울러 상상을 이용하면 아무런 고통을 겪지 않고도 인생의 모든 가능성을 탐구할 수 있고, 장래의 관심사가 걸린 계획들을 꾸준히 세울 수 있어서 몽상에 빠지지 않을 것이다. 이런 식으로 우리는 고무적인 심리 상태를 조성하여 의심도 걱정도 없는 분위기 속에서 활동해야 한다.

앞의 몇 장에 걸쳐 우리는 성공적인 활동에 필수적인 요소들을 하나씩 살펴보았다. 다만 반드시 기억해야 할 점은 그렇게 자세히 살펴본 사항들이 아무리 옳고 의미 있더라도 단 한 가지 좋지 않은 부분이 있다는 사실이다. 즉 그것들을 자세히 들여다보자면 속도에 변화를 줘야 한다는 점이다.

경기 중인 구기 선수나 골프 선수, 테니스 선수의 움직임을 슬로우 모션으로 돌려 보는 것은 운동을 배우는 사람들에게 더할 나위 없이 가치 있는 일이다. 순식간에 일어나는 민첩한 신체 회전 뒤에 숨은 근육의 작용은 정상 속도에서는 너무 빨라 보이지 않지만, 느리게 돌아가는 필름 속에서는 세밀한 부분까지 다 보인다.

하지만 이럴 경우 우리는 어려운 운동 기술을 간파할 수 있는 대신 다른 부분은 보지 못하게 된다. 그런 슬로우

우리가 상상하는 것들이 실제로 나타날 때는
마치 다이너마이트로 폭파한 것처럼 펼쳐진다.

도로시 캔필드 피셔

단식, 복식, 혼합복식 모두에 걸쳐 그랜드 슬램을 달성한 위대한 테니스 선수 앨리스 마블(1913~1990)의
서브 동작(위)과 백핸드 동작(아래). Photo by New York World-Telegram, 1937

모션 영상을 보면 선수는 미끄러지듯 나른하게 공중에서 움직이고, 공은 천천히 곡선을 그리며 라켓으로 향하다가 부드럽게 부딪히며 라켓을 맞힌 다음 다시 천천히 멀어져 간다. 이 영상은 보는 이에게 많은 정보와 영감을 주지만, 한편으로는 더없이 우스꽝스럽다. 역동적인 도약과 공 치는 소리 그리고 우리가 아는 경기의 속도감은 온데간데없고, 꿈꾸듯 어슴푸레하고 완만한 움직임만 존재하는 것이다.

우리는 지금까지 성공의 기술을 살펴보면서 분석을 위해 속도를 희생했다. 성공이 이루어지는 실제 속도를 보면, 비록 어느 운동 경기에서나 보이는 흥분이나 긴장은 없지만, 모든 성공 관련서에서 분석한 것보다는 훨씬 빠르고 유연하고 활기차다. 성공적인 활동에는 경쾌한 단순함이 있다. 어느 위대한 예술가는 최근 친구들에게 이렇게 말했다.

"나는 한껏 빠른 동작으로 그림을 그릴 때 만족스러운 작품이 나온다네. 물감을 뿌리는 순간 나는 뭔가 막혀 있다는 것, 내가 제대로 보지 못하는 것이 있다는 것을 알게 된다네. 내가 제대로 하고 있을 때는 마치 운동 경기를 하고 있는 듯한 기분이지."

성공적인 활동에는 분명 운동 경기와 유사한 부분이 있

다. 성공한 사람들을 일컬을 때 우리는 '속전속결의 승부사', '종횡무진하는 공격수' 등 스포츠에서 흔히 사용되는 표현들을 많이 쓴다. 그런 사람들이 지닌 원대한 사업적 야망이 성공에 대한 당신의 개인적 생각과 많이 다르더라도, 실행의 속도를 보면 성공이냐 아니냐를 알 수 있다. 목적이 분명한 활동은 그렇지 않은 활동보다 빠르고 명료하고 일관되며 경쾌해 보인다.

사실 당신은 다른 사람들보다 좀 느리고 조심스럽게 일하고 있을지 모른다. 하지만 문제가 될 만한 혼란이 없고 부질없는 몽상에 잠기는 일도 없으면, 바람직한 방식으로 활동하고 있다는 명백한 '느낌'이 들게 된다.

우리가 과거에 성공했을 때의 기분을 떠올리면서 상상을 통해 되찾으려는 것은 바로 이 느낌이다. 과거에 그런 느낌이 든 적이 있어서 그것을 현재의 활동에 적용한 후 결과에 이르는 속도가 과거와 비슷하다면, 머지않아 힘들게 준비하고 상상해서 활동하지 않더라도 적절한 리듬을 만들어 낼 수 있을 것이다. 나중에는 이 리듬이, 별로 중요하지 않은 일을 할 때 자연스럽게 시작되기도 한다. 분명 당신은 노력하는 중에 '리듬을 타고 있는 듯한' 느낌을 받을 것이다.

그러면 이 리듬이 시작된 것을 알아차리고 그것을 이용할 수 있게 된다.

이와 같은 속도감이나 느낌 혹은 (각각의 성질에 따라 다른 양상을 띠는) 리듬이야말로 당신이 올바른 방향으로 가고 있다는 증거다. 신체 활동 속도를 빠르게 해서 일하라는 이야기가 아니다. 그런 일은 있을 수도 있고 없을 수도 있다. 반면 이런 경우는 매우 흔하다. 즉 서두르지 않을 일을 서둘렀다가 '실패에의 의지'가 작용하게 된다. 본보기로 삼은 권위자가 보인 활동의 단호함을 흉내 내다가 좋은 성과를 내는 데 필수적인 몇 가지 요소를 간과하거나 소홀히 다루는 것이다.

이것은 여기서 말하고자 하는 진정한 활력이 아니다. 사실 앞으로 전진하는 진취적인 활동은 경쾌하면서도 리드미컬하며 성공을 향해 흔들림 없이 나아가는 움직임이다.

여기서 위대한 성공의 한 부류를 생각해 보자. 대부분의 사람들은 이런 성공을 직접 경험했거나, 최소한 주변 사람들의 삶에서 목격한 적이 있다. 바로 '절망으로 인한 용기' 덕분에 이루어진 성공이다.

매우 극단적인 예들을 살펴보면, 이 용기는 큰 실패나 연이은 불행을 겪은 탓에 이제는 성공밖에 남은 것이 없어서 생겨난다. 이것은 우리가 흔히 "더 이상 잃을 것이 없다"고 말하는 상황이다. 이때 당사자는 평소 같으면 어림도 없었을 과감성과 대담성을 발휘하여 행동하게 된다. 우리에겐 흔히 '전설'로 알려지는 경우로, 이 행동은 엄청난 성공을 거두게 된다.

　　4장에서 등장했던, '실패에의 의지'에 희생된 세 번째 사람을 기억하는가? 그는 우리가 흔히 성취의 필수 조건으로 생각하는 절망의 상태를 겪고 있었다. 그러나 그는 이 상황을 착각하여, 그것을 완전히 극복할 수 있다고 생각했다가는 더 나쁜 결과가 닥칠 것으로 믿었다. 그가 자신이 실패할 용기조차 없는 곤경에 처할 때마다 항상 하던 대로 '절대 실패하지 않을 것처럼 행동해서' 예외없이 성공했다는 사실은 전혀 알아차리지 못했다. 오도된 감정적 사고의 그물에 걸린 그는 실패만이 자신을 채찍질해 주리라 믿은 것이다. 이는 과거나 지금이나 그에게 매우 심각한 문제다.

　　이런 '절망으로 인한 용기'의 예에서 불합리한 점을 제거하고 보면 우리는 절망이 다른 대안을 차단한다는 것을 알 수 있다. 고로 절망은 꼭 필요한 것도 아니며, 실패할 가능성을 막는 유일한 수단도 아니다. 그보다는 상상력이 훨씬 더 훌륭한 작용을 한다. 우리는 상상을 통해 올바른 방향을 향한 용기를 얻을 수 있다.

올바른 방향을 향한 용기야말로 성공의 필수 조건이다. 우리는 바로 그런 단계에 이르기 위해 유연성과 절제력을 훈련하고, 상상력을 걱정하는 데 쓰기보다 유용한 방향으로 활용하고, 작은 문제들에 현명하게 대처함으로써 인생의 중요한 문제들을 해결할 용기를 쌓아 가는 것이다.

우리는 타고난 재능과 배양한 능력을 최대한 이용하려고 머리를 굴리지만 한편으로는 스스로 꿈을 저버리고, 그에 따르는 책임을 회피하고, 최소한의 저항이 작용하는 길을 따르고, 아이처럼 유치하게 행동한다.

뭇사람들에게 성공이란 곧 최선을 다하는 것이다. 하지만 그 최선이 무엇이고 어디까지가 최선인지 알 수 있는 유일한 방법은 스스로 '실패에의 의지'에서 완전히 벗어나는 것뿐이다.

두둥실 떠가는 구름을 보라!
모든 바람이 자유롭지 아니한가.

프레더릭 헨리 윌리엄 마이어스

드넓은 하늘과 맞닿은 뉴햄프셔 주 화이트 산맥. 1900년

알렉시 카렐

1920

옮긴이의 말

인간은 고통 없이는 자신을 개혁할 수 없다.
스스로가 대리석인 동시에 조각가이기 때문이다.

알렉시 카렐

길이 이끄는 대로 가지 말고
길이 없는 곳으로 가서 새 길을 내라.

랠프 월도 에머슨

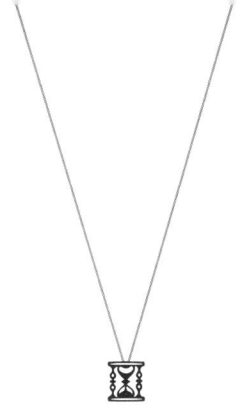

어려운 시대라고들 이야기한다. 사회와 자연에 스며들고 있는 갖가지 변화들이 먹구름 같은 근심과 두려움으로 우리에게 다가와 목을 조르는 듯한 느낌이다. 어쩌면 이런 상황에서 항상 불안감을 이고 사는 것은 당연한 일인지도 모르겠다. 그래서인지 우리는 쉽게 초조해지고 쉴 새 없이 자신을 돌아보게 되는 듯하다. 나는 제대로 살고 있는가? 나는 행복한가? 나는 나 자신과 내 주변에 충실한가?

이 책은 얼른 보면 흔하디흔한 자기계발서처럼 보인다. 주어진 시간을 낭비하지 말고 열심히 생활하며 자신의 능력을 발휘하라는……. 하지만 저자는 인생을 낭비하는 것이

게으른 사람들의 특징이라는 고정관념에서 벗어나, 스스로 바쁘게 산다고 생각하며 자신을 채찍질하는 사람들 역시 인생을 낭비하는 것일 수 있다고 지적한다. 여기서 우리는 착각에서 비롯된 채찍질과 잘못된 판단이 인생을 어떤 방향으로 몰고 가는지 깨닫게 된다. 결국 삶 속에서 자신이 갖고 있는 모든 것을 펼쳐 보이지 못하고, 행복감을 느끼지 못한다면 과연 내가 올바른 방향으로 가고 있는지 다시 한 번 생각해 봐야 한다는 것이다. 이 책에 기술된 '시간을 낭비하는 사람들'의 예를 보며 많은 사람들이 가슴 철렁함을 느끼지 않을까?

저자는 자신의 잠재력을 찾아내어 그것을 최대한 이용하고, 그럼으로써 행복을 찾는 법을 이야기한다. 그러기 위한 방법으로 뜬구름 잡는 듯한 막연한 설명 대신 구체적이고 쉽게 실행할 수 있는 간단한 방식들을 알려주고 있다. 결국 모든 것이 이론보다 실천의 문제이기는 하지만, 내 앞에 주어진 길이 미로일 때보다는 평탄한 신작로일 때가 발걸음을 떼기에 더 쉬운 법이다. 내 안에 숨겨진 나의 힘을 찾고 싶거나, 불행하지 않은 일상을 원한다면 한 번쯤 걸어 봐도 괜찮은 길이 아닐까 한다.

좋은 씨앗을 뿌리는 자는 분명 좋은 수확을 거둔다.
나이가 들수록 연륜도 풍부해져서 인생의 만년이 황금기가 된다.

도로시 캔필드 피셔

버몬트 주 알링턴의 어느 정원에 서 있는 도로시 캔필드 피셔. 1931년

막다른 골목길에 다다랐다고 생각하는 사람, 항상 쫓기는 기분으로 살아가는 사람, 부지런히 살아가는데도 손에 잡히는 것이 없다고 느끼는 사람에게 이 책을 권한다. 그리고 나와 같은 도전 의식을 느끼기를 바란다.

2013년 1월

김근희

'엉클 샘'이 '미국 경제'(American Business)라는 추레한 차림의 남자를 위로하면서 '용기와 에너지'(Courage and Energy) 약병이 그려진 거대한 '상식 의사의 명약'(Dr. Common-Sense's Great Cure) 광고 포스터를 가리키고 있다. 대공황기에 그려진 이 삽화는 '의지 박약'(failure of will)이 경제 재앙의 한 원인이라고 호소하고 있다. Drawing by Winsor Zenic McCay, early 1930s

이 책에 대하여

명확하게 밝혀진 문제는
이미 절반은 해결된 문제다.

도러시아 브랜디

인간의 정신은
채워야 할 그릇이 아니라
타올라야 할 불꽃이다.

도러시아 브랜디

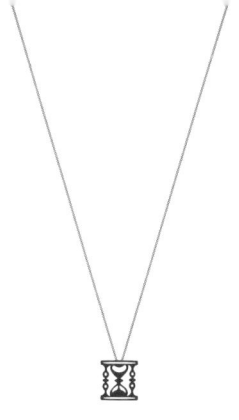

1929년 10월 24일 미국의 주가 폭락으로 시작된 대공황의 골은 길고 깊었다. 1939년 제2차 세계대전이 발발해 연합국들의 경제가 되살아나기 전까지 세계는 생산과 고용의 급감, 금융 부실 등으로 인한 장기 침체의 늪에 빠져 있었다. 1932년 프랭클린 루스벨트 대통령이 당선되면서 "뉴딜 정책"으로 경제 재건에 힘썼지만 단기간에 회복되기는 어려웠다. 1930년대 후반 들어 조금씩 좋아지기는 했지만, 30퍼센트가 넘는 실업률과 장기간의 빈곤을 겪은 사람들의 마음은 좌절과 절망, 의지력 상실에서 벗어나지 못하고 있었다.

도러시아 브랜디의 대표작인 이 책은 바로 이런 시기의

한가운데인 1936년 2월에 출간됐다. 당시 브랜디는 엘리트 여성으로서 편집자, 소설가, 비평가, 논픽션 작가, 강사로 명성을 날리고 있었다. 특히 작가 및 작가 지망생을 대상으로 한 전국 순회강연이 좋은 성과를 거뒀다. 강의를 하며 자신의 놀라운 경험을 소재로 자기계발 성격의 심리 치유 에세이를 집필했는데, 그 결과가 가히 경이로웠다.

> 작가 겸 강사로 유명한 저자가 독서를 하다가 얻은 깨달음과 그것을 실행한 경험에 대해 이야기한다. 먼저 자신이 과거에 성공하지 못한 이유가 무엇이었는지 깊이 분석한다. 그러고 나서 삶을 더 의미 있게, 노력을 더 효율적으로 만들기 위해 무엇을 해야 하는지 알려준다. ―《뉴욕 타임스》(1936. 3. 1)

「프롤로그」에서 운을 띄우고 「5장」에서 자세히 설명한 바와 같이 브랜디는 철학자 겸 심리학자인 프레더릭 헨리 윌리엄 마이어스가 쓴 『인간의 성격』이라는 책에서 큰 깨달음을 얻었다. 베스트셀러이자 전작인 『작가 수업』과 마찬가지로, 이 책은 난해한 학문적 설명은 없지만 19세기 후반부터 20세기 초까지 유행한 심리학과 철학을 배경으로 하고 있다. 핵심은 의식과 행동으로 무의식을 조절함으로써 다시 의식과 행동 그리고 나아가 삶 전체를 개선하여 만족스럽고 행복한 삶을 사는 것이다. 한마디로 줄기와 잎을 적절히 가지치기해 뿌리의 상태를 조절함으로써 줄기와 잎은 물론 나무 전체를 더 건강하게 해 풍성한 수확을 거두는 것이다.

유명한 삽화가이자 작가인 제임스 서버(1894~1961)는 자신이 직접 그린 삽화와 함께 실은 장문의 신간 서평에서 다음과 같은 재미있는 평가를 내렸다.

> 도러시아 브랜디 '여사'가 책을 하나 썼는데, 그걸 '세상에나' 사이먼앤드슈스터 출판사가 펴냈다. 이 작자들은 확실한 목적이 있어 보인다. 나를 비롯해 헛된 공상이나 일삼는 얼빠진 사람들의 정신을 다잡아서 이 험한 세상을 발끝으로 똑바로 서서 걸어 다니게 만들 심산이다. 나는 이 책이 족히 20만 부는 팔릴 거라 장담한다. —《뉴요커》(1936. 4. 18)

그런데 이 책은 절망에 빠진 미국인들에게 용기와 자신감을 심어 주면서 연말까지 무려 200만 부가 넘게 팔려 미국 연간 종합 베스트셀러 논픽션 2위에 올랐다(1위는 노벨상 수상자인 알렉시 카렐의 『인간, 미지의 존재』였다). 그리고 이듬해인 1937년 초에는 20세기폭스 사에서 같은 제목으로 만든 뮤지컬 영화로 개봉돼 크게 히트했으며, 하반기에는 「사랑과 속삭임(Love and Hisses)」이라는 속편까지 개봉됐다. 또 배우들이 부른 노래도 많은 사랑을 받아 OST 음반이 베스트셀러가 되기도 했다.

이 영화는 미국에서 "20세기 10대 명 뮤지컬 영화"로 꼽히기도 하며 2011년에 DVD로 복원되어 다시 주목받고 있다. 내용은 책 「5장」에 나오는 소심한 여배우의 예를 모티프로 했는데, 마이크 울렁증이 있는 가수가 자신의 어려움을 극복해 가는 과정을 감동적이고 재미있게 그리고 있다.

브랜디의 책은 지금도 다양한 판본으로 읽히고 있을 뿐만 아니라, 동시대에 출간된 자기계발서 고전인 데일 카네기의 *How to Win Friends and Influence People* (1936, 한국어판 『인간 관계론』)과 나폴레온 힐의 *Think and Grow Rich* (1937, 한국어판 『놓치고 싶지 않은 나의 꿈 나의 인생』)에 묻혔던 가치를 새롭게 인정받고 있다. 두 책보다 먼저 출간돼 먼저 히트했지만 상대적으로 낮은 전문성과 저자 지명도, 글의 에세이적 성격 때문에 한때의 베스트셀러로 잊혔으나 제목과

핵심 문장을 통해 다시 영향력을 넓혀 가고 있다. 제목 "깨어나 네 삶을 펼쳐라(Wake Up And Live!)"는 구태를 벗고 자신만의 새로운 삶을 살아갈 힘을 주기 때문에 많은 사람들이 좌우명 내지 금언으로 사용하고 있다. 브랜디의 책 이후 비슷한 성격에 같은 제목의 책들이 여러 권 출간되기도 했는데 눈에 띄는 영향은 음악 쪽에서 찾아볼 수 있다.

「No Woman No Cry」, 「One Love」 같은 곡으로 유명한 "레게의 아버지" 밥 말리(1945~1981)는 1979년 앨범 「생존(Survival)」에 「Wake Up And Live」를 발표해 히트했다. 유튜브(youtube.com)에서 밥 말리의 라이브 공연을 볼 수 있는 이 노래의 가사는 다음과 같다.

> 인생이란 수많은 표지판이 있는 하나의 큰길이란다.
> 그러니 다른 바퀴자국들을 따라가면서 심란해하지 마라.
> 미움과 앙심과 시기심일랑 빠르게 지나쳐 버려라.
> 너의 생각일랑 묵혀 두지 말고, 너의 이상을 실현해라.
> 깨어나 네 삶을 펼쳐라!

1996년에는 리듬앤블루스의 거장인 플로이드 딕슨

(1929~2009)이 「Wake Up And Live!」라는 앨범에 「Wake Up And Live」를 타이틀 곡으로 싣기도 했다.

핵심 문장 (실패에서 벗어나 반드시 성공하려면) "절대 실패하지 않을 것처럼 행동하라(Act as if it were impossible to fail)"는 "Wake Up And Live!"보다 구체적인 방식을 제시하는 표현으로 자기관리 및 성공학 분야에서 주로 이용되어 왔으며 영어 사전에서 "as if"의 용법을 보여주는 예문으로 등장하기도 한다. 프레더릭 헨리 윌리엄 마이어스와 윌리엄 제임스의 심리학에 기초한 이 문장은 윌리엄 제임스의 "에즈 이프 원리"(as if principle)가 널리 전파되는 중요한 계기가 됐다.

'뭔가를 이루려고 할 때 이미 이룬 것처럼 행동하면 된다'는 이 원리는 기존의 모호한 성공 심리학을 바꿔 놓았다. 말하자면 "간절히 소망하면 결국 이루어진다" 또는 "열정을 가지고 최선을 다하는 자만이 성공한다"는 식의 뜬구름 잡는 주장을 갈아치웠다. 즉 다음의 다섯 가지 조건을 포함하고 있다. 첫째, 목표를 명확하게 설정해야 한다. 둘째, 목표에 도달한 사람이 줄곧 가졌을 마음가짐을 상상을 통해 인식해야 한다. 셋째, 목표가 이루어질 때까지 그 마음가짐을 유지하며 끊임없이 실행해야 한다. 넷째, 지나친 생각보다 결연한 행동을 선행해야 한다. 생각은 행동을 바꾸지만 행동은 모든 것을 바꾼다. 다섯째, 의식과 행동으로 무의식을 조절해 성취 방식을 습관화해야 한다.

이 원리가 담긴 표현인 "Act as if it were impossible to fail"은 자기계발서, 성공 지침서 저자들이 수없이 인용했다. 대표적으로 세계적인 자기계발 및 비즈니스 컨설턴트이자 밀리언셀러 작가인 브라이언 트레이시(1944~)를 들 수 있다. 그는 *Maximum Achievement* (1993, 한국어판 『성공 시스템』)를 비롯한 5권의 저서에서 이 문장을 그대로 인용하며 그 가치를 거듭 설명했다. 그에 따르면, 스티븐 스필버그는 감독이 되고 싶어 할리우드의 비어 있는 사무실에 자리를 잡고 감독인 것처럼 행동했다. 그래서 나중에 정말 감독이 됐다.

2008년 미국발 금융 위기 이후 세계적인 불황의 그늘 속에서 힘들게 살아가고 있는 요즘 사람들에게 이 책은 분명 대공황 시절 못지않은 위로와 격려가 될 것이다.

2013년 1월

번역가 권민